Omas Bio-Küche

Regional, saisonal, gesund & gut

Theres Rathmanner Klaus Ebenhöh

Omas Bio-Küche

Regional, saisonal, gesund & gut

Impressum

ISBN: 978-3-7088-0464-4

Lobkowitzplatz 1, A-1010 Wien
www.kneippverlag.com

Autoren: Mag. Dr. Klaus Ebenhöh, Mag. Dr. Theres Rathmanner
Fotos: Andreas Buchberger außer:
Seite 9, 19, 151: Kneipp Verlag; Seite 29: iStockphoto; Porträts, Seite 12, 15: Klaus Ebenhöh
Umschlagfoto: Stockfood/Debi Treloar
Lektorat|Projektleitung: Sonja Franzke, www.vielseitig.co.at
Korrektorat: Ina Lieskounig
Cover|Layout: Silvia Wahrstätter, www.buchgestaltung.at
Druck: Theiss GmbH, A-9431 St. Stefan

Printed in Austria
1. Auflage, Oktober 2009

Inhalt

Vorwort

„Kochsalat mit Erbsen“ oder warum es dieses Buch gibt

Eigentlich müsste dieses Buch „Kochsalat mit Erbsen“ heißen, denn damit hat alles angefangen. Es war im vergangenen Herbst. Ich stand vorm abonnierten Bio-Gemüsekistl, aus dem ein Riesen-Häuptel Grüner Salat ragte, und wusste nicht, was tun damit. Viel zu viel für einen Zwei-Personen-Haushalt! „Kochsalat mit Erbsen“, schoss es mir durch den Kopf. Was die Oma auch immer gemacht hat, wenn sie zu viel Salat hatte, weil er im Garten ausgewachsen war. Nur, wie macht man den?
Da wünschte ich mir eine Sammlung aller Rezepte meiner Oma. Nicht die deftigen Fleisch- und Sonntagsgerichte, sondern die einfachen Alltagsspeisen, die mich durch meine Kindheit begleiteten, weil die Oma wie selbstverständlich tagtäglich für uns kochte. Aus dem, was im Garten gerade reif war oder im Keller lagerte.
Diese Oma lebt leider nicht mehr, sie konnte ich nicht fragen. Die Idee der Rezeptsammlung ging mir aber nicht mehr aus dem Kopf. Ich redete mit Klaus darüber, mit FreundInnen und Bekannten. Siehe da, viele teilten meinen Wunsch nach den Rezepten der Omas.
Und weil viele unserer FreundInnen und Bekannten auch alltagskochende Mütter und Omas haben, waren die Rezeptlieferantinnen rasch gefunden. Der Kneippverlag war sofort bereit, dieses Buch zu verlegen. Das Ergebnis halten Sie gerade in Ihren Händen ...

Wir wünschen uns, dass unser Buch dazu beiträgt, Essen und Kochen wieder zu „erden“. Es wäre schön, wenn wieder mehr gekocht würde – vor allem in unserer Generation. Nicht nur am Sonntag nach Jamie Oliver und Co, sondern vor allem im Alltag, unaufgeregt, selbstverständlich – wie bei unseren Omas. Erweitert um einen lebensphilosophischen Aspekt: bio, regional, saisonal, qualitativ hochwertig, gesund. Und gut. Denn Essen soll immer auch Genuss sein!
Unserem Fotografen, der fast alles, was er ablichtete, danach auch genüsslich verspeiste, hat übrigens der Kochsalat mit Erbsen am besten geschmeckt ...

Gutes Gelingen und ebensolchen Appetit wünschen
Theres Rathmanner und Klaus Ebenhöh

theres rathmanner schafft gutes ernährungs ge wissen

Die Oma, auf die die Idee für dieses Buch zurückgeht: Leopoldine Gindl, verstorben 1998 (hier in Aktion und im Bild mit der Autorin)

Einleitung

Warum Omas Küche zukunftsweisend ist – eine Zeitreise

Bei unseren Gesprächen mit den Großmüttern kehrten zwei Sätze immer wieder: „Ich weiß nicht, was das in Gramm ist, ich verwende das immer nach Gefühl." Und: „Ich habe immer verkocht, was eben gerade da war."

Dieses „Was-eben-gerade-da-war" entspricht zwei Prinzipien bewusster KonsumentInnen: Regionalität und Saisonalität – wichtige Kriterien nachhaltiger Ernährung.

Aber von Anfang an: Viele unserer Großmütter haben ihre ersten Kocherfahrungen in der Kriegs- oder Nachkriegszeit gemacht, die von Mangel und Hunger geprägt war. Die Frage nach dem „Was" stellte sich beim Kochen nicht, vielmehr ging es darum, überhaupt etwas auf den Tisch zu bringen, das die knurrenden Mägen füllt: Erdäpfel, Bohnen, Getreide, in ländlichen Haushalten auch die Ernte aus dem eigenen Garten. Dass diese Ernährungsweise meistens viel gesünder war als das, was wir heute essen, sei nebenbei erwähnt, spielte damals aber keine Rolle.

Mit dem Wirtschaftsaufschwung in den 1950er- und 1960er-Jahren wurde das zuvor teure Fleisch bald für alle leistbar, und Exotisches hielt Einzug in die mitteleuropäische Küche (Stichwort: Toast Hawaii). Vor diesem geschichtlichen Hintergrund verwundert es kaum, dass große Portionen Deftiges und Fleischiges als Kompensation für die kargen Jahre verzehrt wurde.

In den 1970er-Jahren machten sich die Ersten Gedanken darüber, dass Essen mehr sein könnte als Hungerstillen und Wohlgeschmack. Die Bio-PionierInnen ebneten den Weg für eine Alternative in der Landwirtschaft, und die ersten „KörndlfresserInnen" folgten ihnen. Auch Übergewicht und die Folgeerscheinungen wurden thematisiert, das Diätzeitalter brach an.

Und heute? Kaufen wir alles zu jeder Jahreszeit, in allen erdenklichen Zubereitungsstufen und billig im Supermarkt. Gesund soll es schon sein, fettarm und am besten schon fertig. Denn Kochen wird als lästige Zeitverschwendung empfunden, und nur mehr wenige aus der jüngeren Generation können es

wirklich. Dieser Zugang hat verrückte Erscheinungen hervorgebracht: Gesundheitsapostel, die Erdbeeren im Dezember und Birnen im März essen, nur um auf die empfohlenen fünf Portionen Obst und Gemüse täglich zu kommen. Fruchtjogurt, das zwar fettarm und zuckerfrei, aber so geschmacklos ist, dass es Aromen benötigt. Junge Menschen, die glauben, Püree käme aus dem Kartonpackerl. Rinder – eigentlich Pflanzenfresser –, die vermahlene Tiere zum Fraß vorgeworfen bekommen und dann wahnsinnig werden. LandwirtInnen, die mit ihren Erzeugnissen tausende Menschen ernähren, davon aber nicht leben können. 800 Millionen unterernährte Menschen weltweit bei einer Nahrungsmittelproduktion, die 12 Milliarden ernähren könnte. Und ebenso viele Übergewichtige – Tendenz steigend.

Interessant ist auch die Entwicklung der Lebensmittelpreise in den letzten Jahrzehnten. Setzt man die Lebensmittelausgaben in Relation zum Einkommen, kommt man zu folgendem Schluss: Lebensmittel waren noch nie so billig wie heute! Zur Illustration: In den 1950er-Jahren verbrauchte ein wohlhabender Haushalt in Wien zirka ein Drittel seines Einkommens für Lebensmittel, ein ärmerer Haushalt bis zu 60 Prozent. Heutzutage gibt ein österreichischer Haushalt laut Konsumerhebung 2004/2005 der Statistik Austria 13 Prozent des Einkommens für Ernährung aus. (Freilich, das sind Durchschnittswerte. Viele – und leider immer mehr – verdienen so wenig, dass sie auch heute einen viel größeren Teil ihres Haushaltsbudgets fürs Essen aufbrauchen.)

Die gute Nachricht ist, dass immer mehr Menschen diese Einstellung und dieses Verhalten nicht (mehr) wollen. Eine Gegenströmung hat eingesetzt, und sie wird immer stärker, wie man am deutlichsten an den steigenden Verkaufszahlen von Bio-Lebensmitteln ablesen kann. Immer mehr KonsumentInnen entdecken die ganzheitlichen Ernährung und erheben den Anspruch, dass ihr Lebensstil nachhaltig sein soll.
Zusammenfassend kann man also sagen, dass unsere Großmütter nicht nur gut kochen konnten. Die Alltagsküche unserer Omas war (und ist es vielfach noch) darüber hinaus bio, regional, saisonal, preisgünstig und gesund.
Und unter dem Gesichtspunkt der Nachhaltigkeit ist Omas Küche sogar zukunftsweisend ...

Nachhaltige Ernährung

Unter nachhaltiger Ernährung fassen wir zusammen, was die Wissenschaft mit dem Fachbegriff „Ernährungsökologie“ bezeichnet. Sie hat einen mehrdimensionalen, ganzheitlichen Zugang zur Ernährung und soll

- gesund sein. Das ist aber nur ein Aspekt. (Medizin und Ernährungswissenschaft greifen meistens zu kurz, da sie sich vorwiegend auf den Gesundheitswert des Essens konzentrieren.)
- umweltverträglich sein, das bedeutet vorwiegend vegetarisch, bio, regional, saisonal und möglichst wenig verarbeitet,
- sozialverträglich sein, also zu fairen Lebensmittelpreisen, möglichst in Direktvermarktung und durch fairen Handel mit den Ländern des Südens zu uns gelangen.
  und
- sie soll schmecken!

Die praktische Umsetzung dieser Grundzüge ist die so genannte Vollwerternährung, die vom Schweizer Arzt Maximilian Bircher-Benner (1867–1939), Namensgeber für das Bircher-Müsli, und dem deutschen Arzt Werner Kollath (1892–1970) „erfunden“ und von den (Ernährungs-) Wissenschaftern Claus Leitzmann, Karl von Koerber und Thomas Männle weiterentwickelt wurde.
Für die Lebensmittelauswahl im Einzelnen empfielt die Vollwert-Ernährung:

- Reichlich Obst und Gemüse, mindestens die Hälfte davon roh.
- Bei Getreideprodukten Vollkorn bevorzugen.
- Erdäpfel und Hülsenfrüchte in möglichst gering verarbeiteter Form (z. B. gekochte Erdäpfel statt Pommes frites).
- Gesamtfettmenge begrenzen, hochwertige Öle (z. B. kaltgepresste) und wenig verarbeitete Fette (z. B. Butter statt Margarine mit gehärteten Fetten) bevorzugen.
- Nüsse, Ölsamen und Ölfrüchte (Oliven) mäßig und roh oder geröstet.
- Milchprodukte ohne Zusätze bevorzugen (z. B. Naturjogurt statt fertigem Fruchtjogurt).
- Fleisch, Fisch und Eier werden nicht ausdrücklich empfohlen, ein mäßiger Verzehr wird aber auch nicht abgelehnt.
- Wasser, Mineralwasser und ungesüßte Früchte- und Kräutertees als Getränke bevorzugen.
- Salz in Maßen, zum Würzen Kräuter und Gewürze bevorzugen.
- Zum Süßen frisches Obst, kaltgeschleuderten Honig, Rohzucker oder ungeschwefelte Trockenfrüchte bevorzugen statt Zucker und Süßstoffen.

Und die Omas? Kochten immer schon nachhaltig, ohne dass es ihnen bewusst war. Bio war kein Thema, aber was im Hausgarten wuchs, war sowieso Natur pur. Regional und saisonal: deshalb wird eingekocht. Vorwiegend vegetarisch ergab sich aus dem Fleischengpass oder aus den – gerechtfertigt – hohen Preisen: Der Begriff „Sonntagsbraten" kommt nicht von ungefähr. Wenig verarbeitet verstand sich ebenfalls von selbst, denn Fertigprodukte gab es nicht.

Was sich für unsere Omas häufig aus der Not ergeben hat, ist für uns heutzutage eine selbstgewählte, wohlüberlegte Tugend: ein verantwortungsvoller und nachhaltiger Lebensstil.
Dieser ist nebenbei auch noch preisgünstig. Eine Studie zeigte kürzlich, dass VollkwertköstlerInnen weniger Geld fürs Essen benötigen. Obwohl sie für Gemüse, Obst, Brot, Getreide, Hülsenfrüchte, Nüsse, Soja und Öle, die gesunden Sachen also, mehr ausgeben, brauchen sie wesentlich weniger für Fleisch und Wurst, Fisch und Meeresfrüchte, Eier, Süßes, Fertigprodukte und Getränke.

Tipps für die gewissen-hafte Ernährung

Die folgenden Praxistipps sind als Leitfaden für alle gedacht, die sich gesund und nachhaltig ernähren wollen. Sie basieren auf den Empfehlungen der Ernährungsökologie und der Vollwerternährung, erweitert um zahlreiche Erfahrungen aus der Beratungspraxis.

- Qualität statt Quantität: lieber ein Mal pro Woche ein gutes Stück Bio-Weiderind als jeden Tag wässriges Industriefleisch.
- Pflanzenbetonte Lebensmittelauswahl: vorwiegend vegetarisch, mit Milch (-produkten) und Ei, Fleisch und Fisch sind Genussmittel und sollten entsprechend selten konsumiert werden.
- Lebensmittel aus biologischer Produktion: die notwendige kritische Einstellung dabei nicht vergessen! Bio bezeichnet ursprünglich einen mehrdimensionalen Ansatz nachhaltiger Produktion, wird jedoch zunehmend als Marketinginstrument eingesetzt. Südafrikanische Bio-Erdbeeren zu Weihnachten sind zwar bio, aber nicht nachhaltig!
- Regionalität und Saisonalität: Obst, Gemüse und Kräuter aus der Region, wenn es hierzulande wächst. Freiland- statt Treibhausware. Saisonkalender zu Rate ziehen. Generell Produkte und Geschäfte regionaler Klein- und Mittelbetriebe bevorzugen gegenüber Lebensmittelkonzernen und Supermarktketten. Ab-Hof-Verkauf, Bauernmärkte und Abo-Kisten erleichtern die regionale und saisonale Wahl.

- Geringer Verarbeitungsgrad: frische Ware statt Tiefkühlkost, Vollkorn- statt Weißmehlprodukte, Natur- statt Fruchtjogurt, Flockenmüsli statt Frühstückscerealien, Erdäpfel statt Pommes frites, selber kochen statt Fertigprodukte. Lebensmittel mit Zusatzstoffen vermeiden (beim Einkaufen die Zutatenliste lesen!).
- Fair gehandelt: überregionale Produkte und Produkte außerhalb der Saison, die aus den Ländern des Südens importiert werden, sind Genussmittel: Kaffee, Tee, Schokolade, Gewürze, Südfrüchte und Säfte daraus. Deshalb mit Bedacht konsumieren und auf jeden Fall aus fairem Handel kaufen (Gütesiegel!).
- Verpackung vermeiden: Lebensmittel möglichst unverpackt oder umweltverträglich verpackt kaufen. Überverpackung (Korb, Tragtasche, Stoffsackerl, Plastikdoserl) zum Einkaufen mitnehmen.
- Bedarfsgerechte Mengen einkaufen. Lebensmittelverderben und -abfall vermeiden.
- Einkaufen zu Fuß oder mit dem Fahrrad.
- Energieeffiziente Haushaltsgeräte: bei Neuanschaffungen Energieeffizienzklasse A+++ wählen, Kühlgeräte, die älter als zehn Jahre sind, möglichst austauschen.
- Nicht zunehmen: Gewichtszunahme bedeutet, mehr zu konsumieren, als man benötigt. Abgesehen vom gesundheitlichen Aspekt ist das nicht nachhaltig. (Das gilt natürlich nicht für Kinder und Jugendliche!)
- Geschmack und Genuss, lustvoller Zugang zum Essen, soziale und psychologische Funktion des Essens leben: Wer nicht genießt, ist ungenießbar und hält keine Ernährungsform lange durch.
- Kochen lernen und mit Freude praktizieren: Viel mit frischen Zutaten zu hantieren, erfordert Kochkenntnisse. Kochen nicht als unliebsame Alltagsarbeit wahrnehmen, sondern als Entspannung und Freude.
- Gelassenheit und Vorbildfunktion: Dogmatismus, missionarische Einstellung, Verzicht und der erhobene Zeigefinger erzeugen Ablehnung. Nachhaltige Ernährung lieber durch gelebten Genuss weitervermitteln.
- Bewusstsein über die Macht als KonsumentIn: Letztlich bestimmen wir mit unserer Kaufentscheidung, was produziert wird. Einkaufen ist ein politischer Akt.
- Bewegung: mindestens 30 Minuten pro Tag, möglichst jeden Tag im Alltag und in der Freizeit. Möglichst bei Tageslicht im Freien (verbessert die Stimmung und sorgt für die Eigenproduktion von Vitamin D).

ERZEUGNIS
Spitzpaprika
HERKUNFT
PREIS
AUSTRIA
KLASSE
II
0,60 €
100g 1kg Stück
üßkartoffel
Israel
0,74 €
Rote Rüben
Österreich
1,81 €
Weißkra
Österreich
LUTZ
LEBENSMITTEL VON BIO BAUERN

Jänner	Februar	März	April	Mai	Juni	Juli
Äpfel	Äpfel	Äpfel	Äpfel	Erdbeeren	Erdbeeren	Äpfel
Birnen	Birnen	Chinakohl	Butterhäupel	Erdäpfel	Broccoli	Birnen, Broccoli, Brombeeren, Butterhäupel
Chinakohl	Chinakohl	Erdäpfel	Erdäpfel	Eichblatt, Eissalat	Butterhäupel	Eissalat, Erbsen, Erdäpfel, Erdbeeren
Erdäpfel	Erdäpfel	Gelbe Rüben	Gelbe Rüben	Frisée	Eichblatt, Eissalat, Erbsen, Erdäpfel	Fisolen, Frisée
Gelbe Rüben	Gelbe Rüben	Hokkaido	Karotten, Knoblauch, Knollensellerie	Gelbe Rüben	Fisolen, Frisée	Gelbe Rüben, Gurken
Hokkaido	Hokkaido	Karotten, Knoblauch, Knollensellerie	Pastinaken, Peterwurzen, Porree	Lollo Rosso	Gelbe Rüben, Gurken	Karfiol, Karotten, Kirschen, Knollensellerie, Kohl, Kohlrabi
Karotten, Knoblauch, Knollensellerie	Karotten, Knoblauch, Knollensellerie	Pastinaken, Peterwurzen, Porree	Radieschen, Rhabarber	Karotten, Knoblauch, Knollensellerie	Karfiol, Karotten, Kirschen, Kohl, Kohlrabi	Knoblauch
Kohlsprossen	Kohlsprossen		Rote Rüben			Lollo Rosso
Pastinaken, Peterwurzen	Pastinaken, Peterwurzen, Porree	Rote Rüben	Vogerlsalat	Peterwurzen, Porree	Lollo Rosso	Mangold, Marillen, Melanzani, Nektarine
Porree						
Rote Rüben, Rotkraut	Rote Rüben, Rotkraut	Vogerlsalat	Walnuss	Rote Rüben	Mangold	Paprika, Pfefferoni, Pfirsich, Porree
Schwarzwurzel	Schwarzwurzel	Walnuss		Mangold	Paprika, Paradeiser, Pfefferoni	Radieschen, Rhabarber, Ribisel, Rote Rüben
Topinambur	Vogerlsalat			Kohl, Kohlrabi	Radieschen, Rhabarber, Rote Rüben	Stachelbeeren
Vogerlsalat	Walnuss, Weißkraut			Rhabarber	Spargel, Stachelbeeren	Walnuss
Walnuss, Weißkraut	Zuckerhut			Spargel	Weichseln, Weißkraut	Weichseln, Weißkraut
					Walnuss	
Zuckerhut, Zwiebel				Walnuss	Zucchini	Zucchini

August	September	Oktober	November	Dezember
Äpfel	Äpfel	Äpfel	Äpfel	Äpfel
Birnen, Broccoli, Brombeeren, Butterhäupel	Birnen, Broccoli, Brombeeren, Butterhäupel	Birnen, Broccoli, Brombeeren, Butterhäupel	Butterhäupel Birnen	Birnen
Eichblatt, Eissalat, Erbsen, Erdäpfel, Erdbeeren	Eichblatt, Eissalat, Erbsen, Erdäpfel	Eichblatt, Eissalat, Erbsen, Erdäpfel	Chinakohl	Chinakohl
Fisolen, Frisée	Fisolen	Frisée	Eichblatt, Eissalat Endivie, Erdäpfel	Endivie, Erdäpfel
Gelbe Rüben, Gurken	Gelbe Rüben, Gurken	Gelbe Rüben	Frisée	Gelbe Rüben
Hokkaido	Hokkaido	Hokkaido	Gelbe Rüben, Hokkaido	Hokkaido
Karfiol, Karotten, Knoblauch, Knollensellerie, Kohl, Kohlrabi	Karfiol, Karotten, Knoblauch, Knollensellerie, Kohl, Kohlrabi	Karfiol Karotten, Knoblauch, Knollensellerie, Kohl, Kohlrabi	Karotten, Knoblauch, Knollensellerie Kohl, Kohlsprossen	Karotten, Knoblauch, Knollensellerie
Lollo Rosso	Mangold, Melanzani, Melone, Nektarine	Lollo Rosso	Mangold	Kohl, Kohlsprossen
Mangold, Marillen, Melanzani, Melone, Nektarine	Paprika, Paradeiser, Pastinaken, Pattison, Peterwurzen, Pfefferoni, Pfirsich, Porree, Preiselbeeren, Quitten	Mangold, Melanzani	Pastinaken, Peterwurzen Porree, Radieschen	Pastinaken, Peterwurzen Porree
Paprika, Paradeiser, Pattison, Pfefferoni, Pfirsich, Porree	Radicchio, Radieschen, Rettich, Rote Rüben, Rotkraut	Paprika, Paradeiser, Pastinaken, Pattison, Pfefferoni, Peterwurzen, Porree, Quitten	Rote Rüben Rotkraut	Rote Rüben, Rotkraut
Radieschen, Rettich, Ribisel, Rote Rüben	Spaghettikürbis	Radicchio, Radieschen, Rettich, Rotkraut	Schwarzwurzel	Schwarzwurzel
Spaghettikürbis, Stachelbeeren	Walnuss Weintrauben, Weißkraut	Spaghettikürbis	Topinambur	Topinambur
Walnuss Weißkraut	Zucchini, Zuckerhut, Zwetschke	Walnuss, Weintrauben, Weißkraut	Walnuss, Weißkraut	Vogerlsalat
Zucchini, Zwetschke		Zucchini, Zuckerhut	Zucchini Zuckerhut	Walnuss Weißkraut
				Zuckerhut

frisch

Lager

Besonderheiten in Omas Küche – auch heute noch aktuell

Es gibt kaum ein Gemüse, das unsere Großmütter nicht eingebrannt hätten. Auch der Schmalztopf ist für viele untrennbar mit der Erinnerung an die kochende Oma verbunden. Marmelade einkochen, Saft machen, Gemüse einlegen, und niemals etwas wegwerfen: Das alles ist typisch für unsere Omas. Einiges davon ist für unsere heutige Lebensgewohnheiten nicht mehr passend, das meiste allerdings durchaus nachahmenswert.

Warum Einbrenn und Schmalz gar nicht ungesund sind

Die heute so verpönte Einbrenn erfüllte in der Kriegszeit den pragmatischen Zweck, das wenige Vorhandene zu strecken. Sie geriet dann sowohl kulinarisch in Verruf, weil sie den Geschmack allen Gemüses verderbe, als auch gesundheitlich, weil sie fett sei und viele unnötige Kalorien habe. Beides ist nicht gerechtfertigt. Gezielt eingesetzt schmeckt sie gut und hat viel weniger Fett und Kalorien als das weit verbreitete Schlagobers zum Verfeinern.

Wenn früher vor allem in bäuerlichen Haushalten großzügig mit Schmalz umgegangen wurde, war das kein Problem, sondern Notwendigkeit. Denn die Arbeit am Feld verschlang große Mengen an Kalorien und Fett war und ist die beste Energiequelle. Fett im allgemeinen und Schmalz im besonderen sind aber auch heute nicht problematisch, sondern unser bewegungsarmer Lebensstil beziehungsweise die Tatsache, dass sich die Ernährung nicht daran angepasst hat. Salopp formuliert: Die meisten von uns arbeiten als SchreibtischtäterInnen, essen aber wie FeldarbeiterInnen.

Noch ein Wort zum Fett: Durch immer neue Erkenntnisse unterliegt die Ernährungswissenschaft einem laufenden Wandel, so auch bei den Fetten. War bis vor wenigen Jahren „low fat" die Empfehlung Nummer eins, geht es mittlerweile in Richtung Fettliberalisierung. Die Devise lautet jetzt: Es darf ruhig etwas mehr sein, dafür aber das Richtige. „Das Richtige" bezieht sich auf die Fettsäurezusammensetzung, die bei Leinsamen, Walnüssen, Soja und ihren Ölen sowie Rapsöl und Fisch hervorragend ist. Bei Oliven(öl) ist sie sehr gut, bei anderen Ölen, Nüssen und Samen (z.B. Sonnenblumen-, Maiskeimöl) gut. Tierische Fette in Fleisch, Wurst, Butter und Milchprodukten haben eine weniger gute Fettzusammensetzung, weil sie große Mengen gesättigter Fettsäuren enthalten, die den Cholesterinspiegel erhöhen.

Unter den tierischen Fetten hat Schmalz die beste Fettzusammensetzung. Es übertrifft das Kokosfett, das in der „moderneren Küche“ gerne statt Schmalz zum Ausbacken verwendet wurde. Kokosfett hat nämlich die ungesündeste Zusammensetzung aller Fette.
Das bedeutet zusammenfassend also, dass Schmalz weit besser ist als sein Ruf. Zum Ausbacken, was man ohnehin nicht täglich macht, ist es hervorragend geeignet. Manches schmeckt mit Schmalz wirklich am besten. Das gesundheitliche Non-Plus-Ultra zum Braten und Ausbacken ist aber erhitzbares, also raffiniertes (nicht kaltgepresstes!) Rapsöl.

Hülsenfrüchte oder es muss nicht immer Fleisch sein

Für unsere Großmütter gehörten Erbsen, Linsen und Bohnen zu den FixstarterInnen der Alltagsküche. Mit steigendem Wohlstand sank der Konsum an Hülsenfrüchten, heute isst man sie kaum mehr. Das ist in zweierlei Hinsicht schade, denn erstens ist die enorme Vielfalt dieser Lebensmittelgruppe eine kulinarische Bereicherung. Zweitens sind Hülsenfrüchte eine hervorragende pflanzliche Eiweißquelle und eine tolle Alternative zu Fleisch, vor allem in der fleischarmen Vollwertkost.
Wir haben die Kochbuch-Omas gezielt auch um Hülsenfrüchte-Rezepte gebeten. Vielleicht hilft das, wieder mehr KöchInnen auf den Geschmack zu bringen …

Wo alles verkocht wird: die Restlküche

Haben Sie jemals eine Großmutter aus der Kriegsgeneration Lebensmittel wegwerfen sehen? Undenkbar! Zu viel Salat im Garten? Kochsalat. Unmengen von Kirschen reif? Einkochen. Vom Sonntagsbratl noch etwas übrig? Grenadiermarsch. Unsere Omas verkochten alles, jedes Restl.
In Wien werden täglich 13.000 kg Brot vernichtet, ein Viertel des Mülls dieser Stadt besteht aus unverbrauchten Lebensmitteln. Die Hälfte davon ist unverpackt! Das ist die Kehrseite des Überflusses.
In dieses Buch wurden immer wieder auch Rezepte mit dem Hinweis „Restlküche“ aufgenommen. Vielleicht geben sie einen Anstoß, in Sachen Restl-Verkochen der Kreativität unserer Großmütter nachzueifern.

Einkochen ist konservierte Freude

Für unsere Großmütter noch eine saisonale Selbstverständlichkeit, ist Einmachen heutzutage sehr unpopluär geworden. Zu Unrecht, denn es ist weder schwierig noch dauert es lange. Und die Freude über Selbst-Konserviertes währt ein Jahr und länger!
Das Prinzip des Haltbarmachens ist bei allen Methoden gleich: Es geht darum, Verderbniskeime abzutöten oder ihnen die Lebensgrundlage (Wasser, Luft, Nährstoffe) zu entziehen.
Am häufigsten wird Hitze als Konservierungsmethode angewendet: z.B. beim Marmelade-Einkochen. Bei unseren Großmüttern waren auch Einwecken und Einrexen weit verbreitet. Viele haben (und verwenden) noch die speziellen Geräte dafür. Einkochen funktioniert aber auch am Herd oder im Backrohr. Wichtig ist dabei, dass die Einmachgläser alle gleich groß sind. Und so geht's:
Einmachen am Herd: Gefüllte Gläser in einen großen Topf stellen, Wasser bis knapp unter den Deckel der Gläser zugießen. Leicht zum Kochen bringen, Deckel auf den Topf aufsetzen und bei der gewünschten Temperatur (mit einem Thermometer messen!) je nach Anleitung im Rezept pasteurisieren (zirka 75 °C) oder sterilisieren (95 °C).
Einmachen im Backrohr: Gefüllte Gläser ebenfalls in einen Topf, eine Pfanne oder eine Form stellen, sodass sie einander nicht berühren. Wasser zirka 2 cm hoch zugießen. Gefäß auf der untersten Schiene ins Backrohr schieben, Backrohr auf 170 °C aufheizen und warten, bis in den Gläsern Luftbläschen aufsteigen. Einkochdauer nach Rezept einhalten, danach die Gläser im Rohr erkalten lassen.
Haltbar machen geht aber auch ohne Hitze, zum Beispiel durch Trocknen, mit Säure (Essig oder Zitronensäure), Salz oder Öl. Wir haben einige solcher Rezepte gesammelt.

Gebrauchsanleitung für dieses Kochbuch

Auf den folgenden Seiten finden sich ungefähr 140 Rezepte von insgesamt 15 Großmüttern, die wir auch zwischen den Rezepten vorstellen.
Dabei handelt es sich fast ausschließlich um fleischlose, einfache, preisgünstige Alltagsgerichte, die gesund sind und meist aus Gemüse, Obst oder Getreide zubereitet werden. Dazwischen kommen immer wieder auch gehaltvollere Speisen, wie Ausgebackenes vor, weil das zur Küche unserer Großmütter genauso gehört und bei uns allen Kindheitserinnerungen weckt. Weil bekanntlich die Dosis das Gift macht, passen auch diese Rezepte gut ins Konzept.

Die Gerichte/Rezepte sind in die fünf Kapitel Frühling, Sommer, Herbst, Winter und ganzjährig gegliedert. Zusätzlich haben wir ihnen verschiedene Kategorien zugeordnet: Grundrezepte, Gemüse, Obst, Kräuter, Hülsenfrüchte, Getreide, Haltbarmachen, Restlküche, Beilage, Süßes.

Sofern nicht anders angegeben, sind die Rezepte für vier Personen gedacht.

Fast immer verraten die Omas Tipps und Kniffe zu ihren Rezepten („Das sagt die Oma“).

Wir haben bewusst vermieden, die Kochanleitungen zu vereinheitlichen. Manche Großmütter messen in Gramm, andere arbeiten mit Tassen, Löffeln und Stückzahlen als Mengenangaben. Auch das Lokalkolorit wollten wir nicht verändern, deshalb finden sich unter den Zutaten Erdäpfel ebenso wie Kartoffeln, Lauch und Porree, Sauerrahm und saure Sahne – so, wie's die Omas geschrieben haben. Dadurch eventuell auftretende Unklarheiten erklärt das Glossar (Seite 162).

Abgekommen sind wir auch von unserer ursprünglichen Idee, einen „Gesund-Filter“ über die Rezepte zu legen und eventuell weniger gesunde Zutaten wie Schmalz, Obers etc. zu ersetzen und besonders gesunde wie Vollkornmehl zu ergänzen. Das erschien uns als zu großer Eingriff in die Kochsouveränität der Großmütter, und wir haben es anders gelöst: Zu fast jedem Rezept gibt es „gesunde Tipps“, in denen wir Anregungen geben, wie man das Gericht gesünder und „vollwertiger“ zubereiten und an unseren heutigen Lebensstil anpassen kann.
Die Nährwertangaben beziehen sich immer auf die Originalrezeptur und bieten ebenfalls eine Orientierung, welche Einsparungen durch Änderungen möglich sind.

Die einzigen Glättungen und Ergänzungen, die wir vorgenommen haben, betreffen die Nachkochbarkeit: Wir wollten eine Sammlung von Rezepten, die auch für Kochneulinge verständlich und umsetzbar sind. Die Großmütter kochen allerdings alle seit Jahrzehnten, für sie sind gewisse Kochschritte, Garzeiten oder Mengenangaben nicht erklärungsbedürftig. In diesem Fall haben wir uns erlaubt, gelegentlich zu ergänzen.

Dank

Ganz, ganz herzlich möchten wir uns bei „unseren" 15 Großmüttern (und zwei ihrer Töchtern) bedanken, dass sie uns ihre Rezepte zur Verfügung gestellt, ihre Tricks und Tipps verraten, uns einen Einblick in ihr „Kochleben" gewährt haben und wir sie fotografieren durften. (Letzteres war gar nicht immer einfach, Großmütter neigen zu übertriebener Bescheidenheit!)

Ganz großer Dank geht an unseren Freund Andreas Buchberger. Normalerweise lebt er davon, tolle Bauten auf Papier zu bannen. Für uns versuchte er sich als Food-Fotograf. Höchst erfolgreich, wie dieses Buch beweist! Seine Hilfe war unbezahlbar – im wahrsten Sinne des Wortes!

Vielen Dank auch an Brigitte Lutz, für ihre große Hilfe beim Projektstart, beim Zusammentragen der Rezepte und beim Brainstorming! Brigitte ist eine ganz liebe Freundin, Tochter von Bio-Pionieren, war Betreiberin eines Bio-Hofladens und ist ebenfalls begeisterte Köchin. Der anfängliche Plan war, das Buch mit ihr zu machen, dann kam allerdings Leonard (mittlerweile 1 Jahr alt) dazwischen. Die Begeisterung für das Projekt aber blieb, und ihre Unterstützung war Gold wert!

Die Arbeit an dem Buch hat sich im Laufe der Zeit zu einem richtigen Familien-und-Freunde-Gemeinschaftsprojekt ausgewachsen: Mutter Herta Rathmanner war beim Kochmarathon fürs Fotografieren im Dauereinsatz, „Schwager" Peter Brandstetter lieh uns seine Kamera und unsere Freundinnen Sarah Stabenow und Silke Ehrenbrandter fingen ihre Mütter auf Fotos ein.
Schön war, zu erleben, wie sich alle von unserer Begeisterung anstecken ließen. Auch dafür ein Dankeschön an alle!

Ohne den Glauben der Damen vom Kneipp Verlag hätte unser Projekt niemals diese Form annehmen können, vielen Dank für die Unterstützung.

Unseren beiden Buchproduzentinnen Sonja Franzke (Gesamtproduktion, Lektorat) und Silvia Wahrstätter (Grafik) danken wir für die konstruktive Zusammenarbeit – und auch den Spaß, den wir dabei hatten.

Es war eine schöne Zeit!
Theres Rathmanner und Klaus Ebenhöh

GANZJÄHRIG

5-Minuten-Grießschmarren

Emilie Dangl

250 g Grieß
Salz
200 g Butterschmalz
50 g Zucker
Zimt

Grieß in einem Topf trocken rösten, mit 400 ml gesalzenen Wasser unter ständigem Rühren aufgießen und so lange rühren, bis die Masse „grebelig" (bröselig) ist. Mit heißem Butterschmalz übergießen und mit Zucker und Zimt bestreut servieren.

Nährwerte pro Portion

694 kcal // 6 g Eiweiß // 50 g Fett // 56 g Kohlenhydrate // 5 g Ballaststoffe

Das sagt die Oma

- Dazu passt Apfel-, Zwetschken- oder auch Rhabarberkompott.
- Man kann den Grießschmarren auch pikant als Beilage essen.

Gesunder Tipp

- Für uns BüroarbeiterInnen tut's heutzutage auch die halbe Menge Butter(schmalz) oder sogar noch weniger.
- Außerdem könnte man Vollkorngrieß und Rohzucker verwenden.

Almsäuerling

Theresia Salzmann

3 Eier, ¼ l Sauerrahm, Salz, 200 g Mehl, Schmalz oder Öl zum Ausbacken, Staubzucker zum Bestreuen

Eier, Rahm und eine Prise Salz versprudeln, Mehl zugeben und einen dickflüssigen Teig bereiten.
2 cm Schmalz oder Öl in einer Pfanne erhitzen. Mit einem kleinen Schöpfer kleine Teighäufchen formen und ins Fett geben, unter Wenden ausbacken. (Zuerst eines probieren, es muss an der Oberfläche kleine Luftblaserl machen.)
Mit Zucker bestreut servieren.

Nährwerte pro Portion
607 kcal // 13 g Eiweiß // 40 g Fett // 50 g Kohlenhydrate // 2 g Ballaststoffe

DAS SAGT DIE OMA

- Dieses Rezept ist zirka 100 Jahre alt, es stammt noch von meiner Mutter.
- Wir essen die Almsäuerlinge als Nachspeise.
- Frisch zubereitet sind sie auch bei unerwartetem Besuch zum Tee ideal.

GESUNDER TIPP

- Rapsöl statt Schmalz zum Ausbacken hat eine günstigere Fettsäurezusammensetzung.
- Auf jeden Fall nach dem Backen auf Küchenpapier abtropfen lassen.
- Man könnte die Almsäuerlinge auch mit Vollkornmehl und Jogurt statt Rahm probieren.

Bohnenpuffer

Pauline Lutz

1 Dose weiße Bohnen (480 g Abtropfgewicht), Salz, 2 Eier, 2 EL Mehl, Fett zum Ausbacken

Bohnen nicht abtropfen, mit dem Dosen-Kochwasser in eine Schüssel geben, salzen, Eier und Mehl zugeben und alles verrühren.
In einer Pfanne in heißem Fett löffelweise ausbacken.

Nährwerte pro Portion
201 kcal // 9 g Eiweiß // 11 g Fett // 17 g Kohlenhydrate // 5 g Ballaststoffe

DAS SAGT DIE OMA

Wir essen die Bohnenpuffer als Beilage wie Erdäpfelpuffer, man kann sie aber auch als Hauptmahlzeit mit Blattsalat servieren.

GESUNDER TIPP

- Zum Ausbacken am besten Rapsöl verwenden und die Puffer danach auf Küchenpapier gut abtropfen lassen.
- Bohnen gehören zu den besten pflanzlichen Eiweißquellen und sind daher eine hervorragende Alternative zu Fleisch.

Bohnensterz

Gisela Rathmanner

150 g weiße Bohnen (getrocknet, Alternative: 350 g Bohnen aus der Dose), 250 g Mehl (glatt), Salz, 50 g Schmalz

Getrocknete Bohnen in einem Sieb waschen, über Nacht einweichen und im Einweichwasser (ohne Salz) zugedeckt zirka 45–60 Minuten kochen. (Wesentlich schneller und somit auch energiesparender geht das im Druckkochtopf.) Abseihen, das Kochwasser auffangen.
Mehl salzen und in einem großen Topf ohne Fett gelb rösten.
Danach die Bohnen mit dem Kochwasser schöpferweise unter ständigem kräftigen Rühren zugeben. Die Masse sollte klumpig, aber nicht patzig werden.
Zum Schluss das Schmalz erhitzen und einrühren.

Nährwerte pro Portion
402 kcal // 14 g Eiweiß // 12 g Fett // 59 g Kohlenhydrate // 2 g Ballaststoffe

Bohnensuppe

Christine Sachslehner, aufgezeichnet von Christine Schindelegger

250 g Bohnen, getrocknet (z. B. Wachtelbohnen, braune Bohnen), 2–3 Lorbeerblätter, 1 kleine Zwiebel, 30 g Butter, 2 EL Mehl, 1 EL Apfelessig, Salz, Pfeffer, evtl. Thymian und Rosmarin (getrocknet)

Bohnen über Nacht einweichen.
Im Einweichwasser mit den Lorbeerblättern zugedeckt zirka eine Stunde weichkochen. Eventuell Wasser nachgießen.
Zwiebel fein hacken, in Butter anschwitzen, mit Mehl stauben, Mehl kurz mitrösten. Mit wenig kaltem Wasser unter festem Rühren aufgießen, gekochte Bohnen zugeben, gut versprudeln.
Mit Essig, Salz und Pfeffer abschmecken, eventuell mit Thymian und Rosmarin würzen.

Nährwerte pro Portion
222 kcal // 17 g Eiweiß // 7 g Fett // 21 g Kohlenhydrate // 18 g Ballaststoffe

Das sagt die Oma

Dieser einfache Sterz macht selbst eine große Familie lange satt.

Gesunder Tipp

Nährstoffreicher und gesünder wird der Bohnensterz wenn man statt glattem Mehl Vollkornmehl und statt Schmalz Pflanzenöl verwendet.

Das sagt die Oma

- Bohnen unbedingt ohne Salz kochen, sonst werden sie nicht weich.
- Jetzt, da es Schnellkochtöpfe gibt, dauert das Bohnen Kochen nur mehr die halbe Zeit.

Gesunder Tipp

- Bohnen, überhaupt alle Hülsenfrüchte, sind eine tolle alternative Eiweißquelle zu Fleisch. Wir sollten sie viel öfter essen!
- Wem Bohnen Verdauungsprobleme bereiten, der leert das Einweichwasser weg und kocht sie in frischem Wasser.

Bohnenstrudel

Gisela Rathmanner

200 g weiße Bohnen
(getrocknet, Alternative:
1 große Dose Bohnen,
480 g Abtropfgewicht)
100 g Haferflocken
50 g Butter
100 g Zucker
Strudelteig aus 150 g Mehl
(siehe Grundrezept Seite 40)
oder Fertigprodukt (2 Blätter)
Öl zum Bestreichen

Bohnen in reichlich Wasser über Nacht einweichen, im Einweichwasser zirka 45–60 Minuten weichkochen (im Druckkochtopf dauert's nur halb so lange), abseihen, Kochwasser auffangen.
Bohnen mit einem Stampfer etwas zerdrücken.
Haferflocken in Butter goldbraun rösten, Zucker untermischen und etwas karamellisieren lassen. Überkühlen und dann mit den Bohnen vermischen. Die Masse mit etwas Bohnenkochwasser zu einer geschmeidigen Konsistenz vermischen.
Bohnenmasse auf einem Viertel des Strudelteigs verteilen, die Ränder einschlagen und den Strudel einrollen. Mit Öl bestreichen.
Im vorgeheizten Backrohr bei 200 °C zirka 30 Minuten goldbraun backen.

Nährwerte pro Portion
593 kcal // 18 g Eiweiß // 19 g Fett // 87 g Kohlenhydrate // 11 g Ballaststoffe

DAS SAGT DIE OMA

- Den Bohnenstrudel haben wir immer als süße Hauptspeise gegessen.
- Er ist relativ trocken, Vanillesoße dazu verschafft Abhilfe.
- Man kann den Bohnenstrudel auch pikant zubereiten: gut gewürzt mit reichlich Pfeffer und reichlich Schmalz, damit er nicht zu trocken wird. Dazu passt Grüner Salat.

GESUNDER TIPP

Man könnte Rohzucker statt weißem verwenden.

Brotsuppe

Maria Heigl

Zirka 250 g altbackenes Brot, Wasser oder geselchte Suppe nach Bedarf, Salz, 1 Zwiebel, 1 EL Öl, 100 g Grammeln oder etwas Bratenfett

Brot in sehr dünne Schnitten schneiden und in eine Schüssel schichten. Mit heißer Suppe oder Salzwasser übergießen. Das Brot soll sich „ansaufen", aber nicht gatschig werden.
Zwiebel fein hacken und in heißem Öl goldgelb rösten. Grammeln kurz mitrösten, über die Brotsuppe streuen und heiß servieren.

Nährwerte pro Portion
362 kcal // 5 g Eiweiß // 26 g Fett // 28 g Kohlenhydrate // 4 g Ballaststoffe

DAS SAGT DIE OMA

- Hier kann ich beim besten Willen keine genaue Mengenangaben machen. Das hängt davon ab, wie viel Brot man übrig hat und verarbeiten will.
- Wir haben Brotsuppe oft im Winter zur Jause gegessen.

GESUNDER TIPP

- Dieses Gericht ist – zugegebenermaßen – wirklich nicht der Inbegriff einer gesunden, leichten Speise. Es weckt aber so viele Kindheitserinnerungen, dass wir es unbedingt dabei haben wollen.
- Man könnte Grammeln bzw. Bratenfett weglassen oder nur ganz sparsam verwenden.
- Brot bleibt oft übrig und wird alt und hart.

Brotsuppe

Gerti Kucher

250 g altes Schwarzbrot, ½ Zwiebel, 10 g Butter, 1 l klare Gemüsesuppe, Kümmel, Salz, geriebene Muskatnuss, 1 Ei, Petersilie (gehackt)

Brot in Würfel schneiden. (Falls es zu hart ist, reiben.) Zwiebel fein hacken, in der Butter glasig anlaufen lassen, Brotwürfel dazu und alles durchrösten. Mit Gemüsesuppe aufgießen. Kümmel, wenn nötig Salz und Muskat dazugeben und zirka 20 Minuten köcheln lassen. Mit dem Mixstab pürieren.
Das Ei in einer Tasse versprudeln, langsam in die kochende Suppe gießen und gleichzeitig mit der Schneerute verrühren.
Zum Schluss etwas gehackte Petersilie in die Suppe geben.

Nährwerte pro Portion
209 kcal // 7 g Eiweiß // 5 g Fett // 34 g Kohlenhydrate // 4 g Ballaststoffe

DAS SAGT DIE OMA

Wer's deftiger mag, kann ein Paar Frankfurter in die Suppe schneiden.

Einbrenn

Gisela Rathmanner

2 EL Fett (Schmalz, Butter oder Öl)
2 gestrichene EL Mehl (glatt)
evtl. klein gehackter Zwiebel oder Knoblauch
evtl. gehackte Kräuter
evtl. Wasser/Milch/Suppe

Fett schmelzen bzw. kalt (Öl) mit dem Mehl verrühren (am besten mit einem Schneebesen). Erhitzen und unter ständigem Rühren etwas bräunen lassen. Je stärker die Bräunung, desto intensiver ist der Geschmack.
Je nach weiterer Verwendung kann der Einbrenn, wenn sie zu bräunen beginnt, gehackter Zwiebel, Knoblauch oder/und Kräuter zugegeben werden.
Je nach Geschmack und Rezept mit Wasser, Milch oder Suppe aufgießen, kräftig rühren und bis zur gewünschten Konsistenz weiterkochen. Bei Gemüse, das viel Wasser lässt, ist Aufgießen eventuell nicht nötig.

Nährwerte pro Portion
61 kcal // 1 g Eiweiß // 5 g Fett // 4 g Kohlenhydrate // 0 g Ballaststoffe

DAS SAGT DIE OMA

Früher haben wir alles mit Einbrenn gemacht, um die Speisen zu „strecken“. Heute ist das nicht mehr notwendig, es ist ja genug zu essen da. Man kann die Einbrenn auch ganz weglassen und die Gerichte zum Schluss mit etwas Rahm verfeinern.

GESUNDER TIPP

- Die Einbrenn ist weit besser als ihr Ruf. Mit diesem Grundrezept lässt sich Gemüse oder Suppe für 4 Personen binden. Zum Vergleich: Verfeinern mit einem Esslöffel Rahm pro Person sind je 25 kcal extra. Mit einem Becher Schlagobers sind es sogar 210 kcal mehr!
- „Gesund“ wird die Einbrenn übrigens mit Rapsöl und Vollkornmehl.

Eingebrannte Kartoffeln

Gerda Halaschek-Wiener

1 kg Kartoffeln (speckig), 4 Essiggurkerl, Essig nach Geschmack, 3 EL Öl, 1 TL Senf, Salz, 1 Prise Zucker, Thymian, 1 Zwiebel, ¼ l Suppe, 20 g Mehl, 20 g Öl oder Butter, 1 Zwiebel (gehackt), zirka ¼ l Wasser oder Suppe zum Aufgießen, evtl. Gurkerlessig

Kartoffeln in Wasser oder im Dämpfeinsatz je nach Größe 20–30 Minuten garen, schälen und blättrig schneiden. Essiggurkerl in Scheiben schneiden.
Aus Essig, Öl, Senf, Salz, Zucker, Thymian und gehacktem Zwiebel sowie Suppe eine Marinade bereiten, über die Erdäpfelscheiben gießen, vermischen und ziehen lassen.
Für die Einbrenn (siehe Grundrezept Seite 32) das Mehl trocken, also ohne Fettzugabe, goldbraun rösten. Fett und gehackten Zwiebel zugeben und anlaufen lassen. Mit kaltem Wasser oder Suppe aufgießen, glattrühren und zum Kochen bringen.
Einbrenn und Kartoffelsalat mischen. Geschnittene Gurkerl dazu, kurz aufkochen.
Eventuell mit Gurkerlessig abschmecken.

Nährwerte pro Portion

310 kcal // 6 g Eiweiß // 15 g Fett // 36 g Kohlenhydrate // 5 g Ballaststoffe

GESUNDER TIPP

Mit Rapsöl und Vollkornmehl kann man die Einbrenn gesünder gestalten.

Eingebrannte saure Rüben

Maria Heigl

600 g eingesäuerte Rüben (siehe Rezept Seite 123), 1 TL Kümmel (ganz), 40 g Fett, 40 g Mehl, 1 Zwiebel, Salz, Pfeffer, 1 Prise Zucker

Saure Rüben in wenig Wasser und Kümmel auf kleiner Flamme zugedeckt zirka 20 Minuten weichkochen.
Aus Fett und Mehl eine Einbrenn bereiten (siehe Grundrezept Seite 32), die feingeschnittene Zwiebel mitrösten.
Zu den Rüben etwas Kochwasser geben und gut verrühren.
Mit Salz, Pfeffer und einer Prise Zucker abschmecken.

Nährwerte pro Portion

174 kcal // 3 g Eiweiß // 11 g Fett // 16 g Kohlenhydrate // 6 g Ballaststoffe

DAS SAGT DIE OMA

Die eingebrannten Rüben waren früher eine „Arme-Leute-Hauptspeise“, wir haben sie mit gekochten Erdäpfeln oder Knödeln gegessen.

GESUNDER TIPP

- Für die Einbrenn am besten Rapsöl verwenden.
- Für die „entschärfte“ Version nur die halbe Menge Öl und Mehl.

Einmachsuppe mit Hendlinnereien

Leopoldine Gindl, aufgezeichnet von Herta Rathmanner

Suppe
100 g Zeller
2 Karotten
1 Petersilienwurzel
1 Handvoll Petersiliengrün
1 l Gemüsesuppe
Innereien von 1 Hendl (Herz, Leber, …), alternativ dazu Hendlfleischreste (z. B. von einem Brat- oder Grillhendl)
2 EL Butter
2 EL glattes Mehl

Knöderl
3 Semmeln
35 g Butter
1 Ei
Salz
Pfeffer
Muskat
2 EL Petersilie, gehackt
2–3 EL Semmelbrösel

Zeller schälen, Karotten und Peterwurzel waschen, nicht schälen. Das Gemüse nicht allzu klein schneiden. Petersiliengrün hacken.
Suppe aufkochen, Gemüse, Petersiliengrün und die Hendlinnereien im Ganzen zugeben und bei schwacher Hitze zugedeckt zirka 20 Minuten kochen. (Wenn man Fleischreste verwendet, muss man sie nicht mehr mitkochen.)
Aus Butter und Mehl eine helle Einbrenn bereiten (siehe Grundrezept Seite 32), unter kräftigem Rühren mit etwas Suppe aufgießen. Zur restlichen Suppe geben.
Innereien klein schneiden, Gemüse mit einer Gabel grob zerdrücken, alles wieder in die Suppe geben.
Einmachknöderl: Semmeln in Wasser einweichen, ausdrücken. Weiche Butter, Semmeln und Ei mit einem Kochlöffel gut vermischen, mit Salz, Pfeffer, geriebener Muskatnuss und gehackter Petersilie würzen. Semmelbrösel untermischen – wem die Knödelmasse zu weich erscheint, der nimmt mehr – und 10 Minuten rasten lassen.
Faustgroße Knödel formen. Suppe aufkochen, Knödel einlegen und in der schwach köchelnden Suppe erst 10 Minuten kochen. Dann Suppe vom Herd nehmen und Knödel darin zugedeckt weitere 10 Minuten ziehen lassen.

Nährwerte pro Portion
368 kcal // 18 g Eiweiß // 17 g Fett // 35 g Kohlenhydrate // 5 g Ballaststoffe

DAS SAGT DIE OMA

Diese Suppe gibt's bei uns immer am Tag, nachdem wir Hendl gegessen haben, um die Innereien auch zu verkochen.

GESUNDER TIPP

- Keine Angst vor Innereien! Vor allem von so kurzlebigen Tieren wie Hendln sind sie nur wenig belastet. Isst man sie nur hin und wieder, ist auch der hohe Cholesteringehalt kein Problem. Dafür ist vor allem Leber eine sensationelle Eisenquelle.
- Gesünder wird die Suppe, wenn man statt der Semmeln Grahamweckerln und, statt Semmel-, Vollkornbrösel verwendet.

Angelika Brandhofer, Wieselburg (NÖ)

Mit viel Selbstironie erzählt Angelika, wie sie zögernd aus dem Küchenfenster auf den „Patzen Teig“, der auf der Straße lag, blickte. „Dieser Strudelteig ließ sich nicht und nicht ausziehen, bei jedem Versuch zerriss er.“ Ihre Wut darüber war so groß, dass sie ihn durchs Fenster beförderte.

Das Interesse am Kochen hat sie von ihrer Großmutter aus der Bukowina. „Von ihr wurde ich inspiriert.“ Die Mutter ließ sie nicht kochen. Da sie es aber damals schon gern tat, bereitete sie mit ihrer Kusine Trixi für die berufstätige Tante das Mittagessen. „Eher herumgepanscht haben wir da.“ Da war sie 16. Ihre Lust am Experimentieren ist ihr Leben lang nicht verflogen. „Mein erstes Hendl nach chinesischer Art bekam Erich Fried.“ Ihr Mann war in der Literaturszene aktiv und sie bekochte die eingeladenen Schriftsteller.

Kochen lernte Angelika von niemandem. Es gab zwar in der Schule ein Jahr Kochunterricht, aber die Schulküche lag im Keller: „Das Ambiente war nicht gerade einladend“. Die Schwiegermutter schenkte ihr nach der Hochzeit zwar ein Kochbuch, „aber Erfahrung kann man sich nicht erlesen“. Mit der Familie kam neben der nötigen Praxis auch die Zeit des „Kochen Müssens“, was Angelika die Lust daran nahm.

Heute kocht sie wieder „sehr gern“. Lieber für viele Menschen, denn nur für sich „tut es Rohkost auch“. Sie lacht. „Ein kleines Wirtshaus“ – verträumt blickt sie auf den Balkon mit dem beruhigenden Grün der vielen Pflanzen – „hätte ich immer gern gehabt“. Feine Sachen für viele Leute kochen und sie damit beglücken. Was es da gäbe? „Auf jeden Fall gartenfrische Zutaten in Bio-Qualität, weil die nicht nur gesund sind, sondern auch besser schmecken.“

Immer schon sammelte sie Rezepte aus Zeitschriften. Etwa die von Wolfram Siebeck aus der *Zeit*, die sie allerdings nie nachkochte. Und sie schmökert gern in Kochbüchern.
Ein Faible von ihr sind Wildpflanzen, mit denen sie immer wieder etwas Neues ausprobiert. Ob dabei auch Gerichte misslingen? Angelika lacht. „Aus dem Fenster fliegt zumindest nichts mehr.“

Gebackene Mäuse

Maria Heigl

Für zirka 40 „Mäuse" 20 g frische Germ, 50 g Zucker, ¼ l Milch, 2 Dotter, 50 g Butter, 400 g Mehl, evtl. Rosinen, 1 EL Rum, Fett oder Öl zum Ausbacken, Staubzucker zum Bestreuen

Germ in eine Schüssel bröseln, Zucker zugeben, dadurch löst sich der Germ auf. Milch mit Dotter und weicher Butter versprudeln, dazugießen. Mehl zugeben und alles mit dem Kochlöffel zu einem weichen Teig verrühren. Zuletzt eventuell in Mehl gewälzte Rosinen einmengen.
Teig an einem warmen Ort mit einem Geschirrtuch zugedeckt 30 Minuten gehen lassen, nicht mehr kneten. Mit einem in Fett getauchten Esslöffel Nockerl ausstechen und diese in heißem Fett goldbraun backen, abtropfen lassen und mit Staubzucker bestreut servieren.

Nährwerte pro Stück

105 kcal // 7 g Eiweiß // 7 g Fett // 10 g Kohlenhydrate // 0 g Ballaststoffe

Das sagt die Oma

- Bei uns war diese Speise ein Mittagessen an Freitagen: Da gab es davor eine Suppe und zu den gebackenen Mäusen Kaffee oder Tee.
- Die Rosinen werden in Mehl gewälzt, weil sie sich so besser im Teig verteilen.

Gesunder Tipp

- Nimmt man zum Ausbacken Rapsöl, hat man zwar immer noch viel, aber immerhin gesundes Fett. Unbedingt auf Küchenpapier gut abtropfen lassen.
- Gesünder werden die Mäuse außerdem, wenn man Vollkornmehl verwendet – zumindest zur Hälfte. Einen Versuch ist's auf jeden Fall wert.

Germomeletten

Maria Heigl

30 g frische Germ, 50 g Zucker, ¼–½ l Milch, 3 Dotter, 50 g Butter, 1 Prise Salz, 350 g Mehl, 3 Eiklar, Fett zum Backen, Marmelade zum Füllen, Staubzucker zum Bestreuen

Germ in eine Schüssel bröseln, Zucker zugeben, dadurch löst sich der Germ auf. Milch mit Dotter, weicher Butter und Salz versprudeln, dazugießen. Mehl zugeben und alles mit dem Kochlöffel zu einem dünnen Teig verrühren. An einem warmen Ort mit einem Geschirrtuch zugedeckt 30 Minuten gehen lassen.
Eiklar zu Schnee schlagen, diesen unter den Teig heben. Aus dem Teig in wenig Fett Omeletten beidseitig backen (wie Palatschinken), mit Marmelade füllen und einrollen oder nur zusammenklappen.
Mit Staubzucker bestreut servieren.

Nährwerte pro Portion

750 kcal // 18 g Eiweiß // 28 g Fett // 107 g Kohlenhydrate // 4 g Ballaststoffe

Das sagt die Oma

Die Germomeletten sind eine süße Hauptspeise an „Mehlspeistagen" (bei uns traditionell die Freitage).

Gesunder Tipp

- Statt weißem kann man zur Gänze oder zumindest zur Hälfte Vollkornmehl verwenden.
- Zum Backen eine beschichtete Pfanne und nur wenig Öl nehmen.

Germteig

Leopoldine Gindl, aufgezeichnet von Herta Rathmanner

1 Gugelhupf, 1 Striezel oder 15 Laibchen
50 g Rosinen
2 cl Rum
½ Pkg. Germ
1 EL Zucker
¼ l Milch
75 g Feinkristallzucker
60 g Butter
1 Ei
500 g Mehl (gemischt: glatt und griffig)
1 Prise Salz
1 Ei zum Bestreichen

Rosinen in Rum einweichen.
Germ in eine Schüssel bröseln, 1 EL Zucker zugeben, Germ schmelzen lassen (= Dampfl).
Milch, Zucker und Butter vermischen, wärmen (nicht heiß werden lassen), Ei hineinsprudeln. Milch-Mischung zum Dampfl leeren, gesalzenes Mehl mit einem Kochlöffel gut dazumischen.
An einem warmen Ort (z. B. im auf 50 °C vorgeheizten Backrohr) mit einem Geschirrtuch zugedeckt zwei Mal 30 Minuten gehen lassen, dazwischen und zum Schluss mit dem Kochlöffel noch einmal kneten.
Je nach weiterer Verwendung Teig in eine gefettete und bemehlte Gugelhupfform füllen, zu einem Striezel flechten oder zu Laibchen formen.
Mit einem verquirlten Ei bestreichen und im vorgeheizten Backrohr bei 170 °C zirka 30 Minuten (Gugelhupf oder Striezel) bzw. 20 Minuten (Laibchen) backen.

Nährwerte pro Laibchen
197 kcal // 5 g Eiweiß // 5 g Fett // 33 g Kohlenhydrate // 2 g Ballaststoffe

DAS SAGT DIE OMA

- Die Temperatur sollte nicht zu heiß sein, sonst wird der Germteig außen braun und ist innen noch nicht durch.
- Ich mache meistens die doppelte Menge und friere die Laibchen ein.
- Ob der Gugelhupf genug gebacken ist, findet man heraus, indem man mit einer Stricknadel hineinsticht. Wenn kein Teig mehr kleben bleibt, ist der Kuchen fertig.
- Mir schmeckt der Germteig mit einem Drittel Vollkornmehl am besten.

GESUNDER TIPP

- Je nach Geschmack kann man ein Drittel, die Hälfte oder auch die ganze Menge Mehl durch Vollkornmehl ersetzen.
- Germteig gehört zu den gesünderen Mehlspeisen mit wenig Fett und Zucker.

Germsuppe

Christine Sachslehner, aufgezeichnet von Christine Schindelegger

250 g Karotten, 80 g Knollensellerie, 1 kleine Zwiebel, 30 g Butter, 1 gehäufter EL Mehl, 1 l Wasser, Bio-Suppengewürz, Salz, 20 g frische Germ (zirka ½ Würfel), Petersilie

Karotten waschen, nicht schälen, Sellerie schälen. Beides fein reißen.
Zwiebel fein schneiden und in Butter anschwitzen. Geriebene Karotten und Sellerie kurz mitrösten, Hitze reduzieren und kurz dünsten.
Mehl zugeben, zu einem dicken Brei verrühren, mit Wasser aufgießen. Mit dem Schneebesen gut verrühren, kurz aufkochen lassen und mit Suppenwürze und Salz abschmecken.
Zum Schluss Germ einrühren, nicht mehr kochen!
Mit gehackter Petersilie bestreut servieren.

Nährwerte pro Portion
106 kcal // 3 g Eiweiß // 7 g Fett // 8 g Kohlenhydrate // 4 g Ballaststoffe

DAS SAGT DIE OMA

Meine Mutter hat diese Suppe immer gemacht, wenn ihr Germ übriggeblieben ist. Sie hat viel Brot gebacken, da kam das gelegentlich vor.

GESUNDER TIPP

Germ ist wie eine Vitamintablette: er enthält eine geballte Ladung vor allem an B-Vitaminen.

Gerstosuppo mit Hafolob

Imelda Fetz

Für 8 Personen: Gerstosuppo 2 Liter Wasser, 1 Tasse Gerste, ½ Tasse Bohnen (trocken), 1 kleine Zwiebel, 1 Karotte, Salz, evtl. Suppenwürze Hafolob 2 Tassen Mehl (glatt), ½ Tasse Grieß, 2 Eier, Prise Salz, etwas Wasser oder Milch, Schnittlauch (geschnitten), Petersilie (gehackt)

Gerstosuppo: In einem großen Topf Wasser aufkochen, Gerste und Bohnen zugeben. Zwiebel und Karotte in feine Würfel schneiden und ebenfalls dazu geben. Mit Salz und eventuell Suppenwürze würzen. Zugedeckt bei schwacher Hitze zirka 45 Minuten kochen lassen.
Hafolob: Mehl, Grieß, Eier und Salz vermengen und mit etwas Wasser oder Milch zu zwei großen Nocken formen, in siedendes Salzwasser geben und zugedeckt 30–45 Minuten leicht köcheln. (Sie gehen ordentlich auf.) Hafolob aufschneiden und in die Suppe geben, mit Schnittlauch und Petersilie bestreut servieren.

Nährwerte pro Portion
268 kcal // 12 g Eiweiß // 3 g Fett // 47 g Kohlenhydrate // 8 g Ballaststoffe

DAS SAGT DIE OMA

- „Hafolob“ bedeutet „Hafenlaib“. Der Name kommt vom großen Häfen („Hafen“), in dem die Suppeneinlage zubereitet wird.
- Diese Suppe mache ich meistens für viele Leute. Bei einer kleinen Menge koche ich das Hafolob gleich in der Suppe mit.
- Wir essen sie meistens im Winter, und dann oft etwas Süßes als Hauptspeise.

GESUNDER TIPP

Fürs Hafolob könnte man auch Vollkornmehl und -grieß probieren.

Geröstete Erdäpfel

Leopoldine Gindl, aufgezeichnet von Herta Rathmanner

750 g Erdäpfel (mehlig)
1 Zwiebel
4 EL Rapsöl
Salz
Pfeffer

Erdäpfel in Wasser oder im Dämpfeinsatz zugedeckt, je nach Größe, zirka 30 Minuten kochen, schälen.
Zwiebel fein hacken, in Rapsöl hellbraun anrösten. Erdäpfel zugeben, mit dem Stampfer grob zerkleinern, mitrösten. Mit Salz und Pfeffer würzen.

Nährwerte pro Portion
198 kcal // 3 g Eiweiß // 10 g Fett // 23 g Kohlenhydrate // 4 g Ballaststoffe

DAS SAGT DIE OMA

Die gerösteten Erdäpfel sind eine universelle Beilage. Sie passen fast überall dazu.

GESUNDER TIPP

In einer beschichteten Pfanne kann man die Erdäpfel goldbraun rösten ohne dafür viel Fett zu verwenden.

Gezogener Strudelteig

Gisela Rathmanner

2 Backblechlängen Strudel 300 g glattes Mehl, 1 Prise Salz, 2 EL Öl oder Schmalz, ⅛ l warmes (nicht heißes!) Wasser (oder Milch)

In einer Schüssel Mehl, Salz, Öl bzw. Schmalz und warmes Wasser mit dem Kochlöffel verrühren. Danach von Hand zu einem geschmeidigen Teig verkneten. Den Teig zugedeckt bei Zimmertemperatur rasten lassen – je länger, desto leichter lässt er sich danach ziehen, mindestens aber eine halbe Stunde.
Einen Tisch mit einem großen Tuch auslegen, Tuch mit Mehl stauben. Teig darauf legen und mit dem Nudelwalker ausrollen. Dann mit dem Handrücken vorsichtig möglichst dünn ausziehen.
Ein Viertel des Teiges nach Belieben – süß oder pikant – belegen einrollen und backen. Davor mit etwas Öl bestreichen, dann blättert er schön.

Nährwerte pro 100 g

264 kcal // 7 g Eiweiß // 5 g Fett // 47 g Kohlenhydrate // 3 g Ballaststoffe

Gesalzener Topfenstrudel

Gisela Rathmanner

Für 6 Personen 2 Eier, 2 Packerl Bröseltopfen, 1 Packerl feiner Topfen (10 % Fett), 1 Becher Rahm, Salz, gezogener Strudelteig aus 300 g Mehl (siehe Grundrezept Seite 40) oder Fertigprodukt (4 Blätter), Öl zum Bestreichen, evtl. großes Reindl und etwas Öl

Eier trennen. Dotter mit Topfen, Rahm und Salz vermischen. Aus Eiklar Schnee schlagen und vorsichtig unter die Topfenmasse heben.
Topfenmasse auf einem Viertel des Strudelteigs verteilen, Strudel einrollen und zu einem Ring formen. Entweder im vorgeheizten Backrohr bei 200 °C 50–60 Minuten oder in einem großen Reindl am Herd in Öl von beiden Seiten goldbraun backen.
Backt man den Strudel im Rohr, den Teig vorher mit etwas Öl bestreichen, damit er schön blättert.

Nährwerte pro Portion

425 kcal // 24 g Eiweiß // 17 g Fett // 42 g Kohlenhydrate // 2 g Ballaststoffe

Das sagt die Oma

Für gezogenen Strudelteig braucht man Geduld. Man muss ihn schon öfters probieren, bis das Ausziehen wirklich gut gelingt.

Gesunder Tipp

- Der Strudelteig ist im Vergleich zu Blätterteig die gesündere Hülle für köstliche Fülle.
- Am besten Rapsöl verwenden.
- Eventuell sogar mit Vollkornmehl probieren.

Das sagt die Oma

- Dieser Topfenstrudel ist bei uns eine Hauptspeise.
- Ich mache ihn immer ringförmig, dann gibt es nicht so viele Randstücke. Man kann aber auch zwei Längen nebeneinander aufs Backblech legen.

Gesunder Tipp

Die weniger fette Variante ist das Backen im Rohr. Mit Magertopfen spart man zusätzlich Fett.

Breintommerle

Gerti Kucher

200 g Brein (Hirse), ¾ l Milch, 1 Prise Salz, 100 g Butter, ½ Zitronenschale (unbehandelt, abgerieben), 500 g Äpfel (säuerlich, z. B. Boskoop), Butter für die Form, 1 TL Zimt, 80 g Rohrzucker

Die gut gewaschene Hirse in die kochende, gesalzene Milch einkochen, Butter und Zitronenschale dazu geben und bei kleiner Hitze zugedeckt zirka 20 Minuten weichdünsten.
Äpfel schälen, eher dickblättrig hobeln oder schneiden. In eine gebutterte Form die Hälfte der Hirse geben, die Äpfel darauf verteilen, mit Zimt und Zucker bestreuen und mit der restlichen Hirse bedecken. Einige Butterflocken drauf setzen und bei 180 °C zirka 20–30 Minuten im vorgeheizten Rohr backen.
Mit Zimt und Zucker bestreut servieren.

Nährwerte pro Portion

510 kcal // 6 g Eiweiß // 24 g Fett // 67 g Kohlenhydrate // 4 g Ballaststoffe

DAS SAGT DIE OMA

Besonders gut schmecken die Tommerle, wenn man vor dem Servieren zerlassene Butter mit Honig vermischt und darübergießt.

GESUNDER TIPP

- Die halbe Menge bei Butter und Zucker tut's auch. Ausprobieren lohnt sich!
- Hirse ist ein so genanntes „Pseudogetreide": Es wird ähnlich verwendet, enthält aber kein Gluten, das ist der Eiweißstoff, den Zöliakie-PatientInnen nicht vertragen.
- Hirse ist sehr mineralstoffreich.

Getreideauflauf

Angelika Brandhofer

200 g Fadennudeln (oder Dinkelreis, Grieß, Hirse, Buchweizen), 4 Eier, 500 g Topfen, 3–4 EL Staubzucker, 1 Pkg. Vanillezucker, 1 Zitrone (unbehandelt), evtl. 1 Handvoll Rosinen (in Rum eingeweicht), Butter für die Form

Nudeln bzw. Getreide nach Packungsanleitung bissfest kochen. Auskühlen lassen.
Eier trennen.
Topfen, Dotter, Zucker, Vanillezucker, abgeriebene Schale der Zitrone sowie etwas Zitronensaft schaumig rühren. Rumrosinen und Nudeln bzw. Getreide untermischen. Aus Eiweiß Schnee schlagen und vorsichtig unterheben. Die Masse in eine gefettete Auflaufform füllen und bei 180 °C Heißluft goldgelb backen.

Nährwerte pro Portion

310 kcal // 29 g Eiweiß // 12 g Fett // 65 g Kohlenhydrate // 3 g Ballaststoffe

DAS SAGT DIE OMA

- Auflauf am besten mit Kompott nach Geschmack und Saison servieren.
- Das ist ein gutes Kindergericht. Zumindest meine Enkelkinder essen den Auflauf sehr gerne.
- Wir essen ihn als Hauptspeise, und davor gibt es Suppe.

GESUNDER TIPP

Vollkorngetreide erhöht natürlich den Ballaststoff- und Mineralstoffgehalt.

Grenadiermarsch

Emilie Dangl

50 g Speck, 1 EL Öl, 1 Zwiebel, 4 mittelgroße Kartoffeln (gekocht), 400 g Nudeln oder Fleckerl (gekocht), 1 Ei, Salz, Pfeffer, Petersilie, Schnittlauch

Speck kleinwürfelig schneiden und in Öl anbraten.
Zwiebel fein hacken und mitrösten.
Kartoffeln schälen, blättrig schneiden und ebenfalls mitrösten. Teigwaren zugeben, Ei darüberschlagen und alles gut vermischen. Mit Salz und Pfeffer abschmecken.
Zum Schluss gehackte Petersilie und Schnittlauch untermischen.

Nährwerte pro Portion
346 kcal // 10 g Eiweiß // 15 g Fett // 43 g Kohlenhydrate // 4 g Ballaststoffe

Grieß-Erdäpfelsterz

Gisela Rathmanner

4 große Erdäpfel (mehlig), Salz, 100 g Grieß, 2 EL Öl, 1 Zwiebel

Die Erdäpfel schälen, grob schneiden und in reichlich Salzwasser zirka 15 Minuten weichkochen.
Grieß in 1 EL Öl anschwitzen und unter ständigem Rühren bräunlich werden lassen.
Erdäpfel mit dem Schaumlöffel aus dem Wasser nehmen, zum Grieß geben und fest rühren, sodass die Erdäpfel zerfallen.
Zwiebel fein hacken, im restlichen Öl goldbraun rösten und über dem Sterz verteilen.

Nährwerte pro Portion
263 kcal // 7 g Eiweiß // 5 g Fett // 47 g Kohlenhydrate // 6 g Ballaststoffe

Das sagt die Oma

- Mit Salat nach Saison oder aus der Konserve servieren.
- Zusätzlich oder statt Kartoffeln und Teigwaren kann man auch Knödelreste verwenden.

Gisela Rathmanner:
Ich würze den Grenadiermarsch zum Schluss mit etwas Paprikapulver. Wir essen dazu meistens Essiggurkerl.

Gesunder Tipp

Statt dem Speck könnte man mageren Schinkenspeck verwenden, oder den Grenadiermarsch auch ganz vegetarisch zubereiten.

Das sagt die Oma

- Dieses Rezept stammt noch aus der Kriegszeit. Ich sehe mich noch am Herd stehen und es zubereiten …
- Man kann es mit 100 g gerösteten Grammeln verfeinern.

Gesunder Tipp

Vollkorn- statt weißem Grieß erhöht den Ballaststoff- und Mineralstoffgehalt und senkt den glykämischen Index.

Grumpernsterz

Gisela Rathmanner

1 kg Erdäpfel
(mehlig = Grumpern)
Salz
Pfeffer
1 große Zwiebel
2 EL Öl

Die Erdäpfel schälen, grob schneiden und in reichlich Salzwasser zugedeckt zirka 15–20 Minuten weichkochen. Abseihen und in kleine Stücke stampfen (nicht so klein wie für Püree). Salzen und pfeffern.
Zwiebel feinwürfelig schneiden und im Öl goldbraun rösten. Danach über die Erdäpfel verteilen.

Nährwerte pro Portion

219 kcal // 5 g Eiweiß // 5 g Fett // 38 g Kohlenhydrate // 6 g Ballaststoffe

DAS SAGT DIE OMA

Der Grumpernsterz ist eine universelle Beilage. Wir haben ihn besonders gerne zu Blunzn gegessen, aber auch fleischlos mit kaltem Krautsalat.

Grießstrudel mit Raunersalat

Theresia Salzmann

140 g Grieß, 100 ml Obers, 2 Eier, Salz, 75 g Butter, Strudelteig von 150 g Mehl (siehe Grundrezept Seite 40), Rauner (= Rote Rübensalat, siehe Rezept Seite 141 oder fertigen aus dem Glas)

Grieß mit Obers verrühren, salzen.
Eier trennen. Dotter mit Butter flaumig rühren, dann Grießmischung zugeben.
Eiweiß mit etwas Salz zu Schnee schlagen. Unterheben.
Strudelteig auf ein feuchtes Tuch legen, Grießmasse darauf verteilen, einrollen. Mit einem bemehlten Kochlöffelstiel in 5 cm-Abständen abdrücken, mit einem Messer durchschneiden, die Ränder fest zusammendrücken.
Grießstrudelstücke in kochendes Salzwasser einlegen und unter einmaligem Wenden 15 Minuten kochen. Abtropfen.
Strudel mit Raunersalat servieren.

Nährwerte pro Portion

596 kcal // 14 g Eiweiß // 33 g Fett // 60 g Kohlenhydrate // 7 g Ballaststoffe

DAS SAGT DIE OMA

- Wir sagen zu den Roten Rüben „Rauner“.
- Man kann den Strudel auch süß essen: Die gekochten Stücke in Butterbröseln wälzen, mit Zucker bestreuen und mit Kompott servieren.
- Dieser Strudel funktioniert nur mit selbst gemachtem Teig wirklich gut. Fertigteig ist zu wenig elastisch und klebt an den Rändern nicht gut.

GESUNDER TIPP

Man könnte Milch statt Obers, Vollkorngrieß oder Polenta statt weißem Grieß und nur die Hälfte der Butter verwenden.

Kalter Reis

Imelda Fetz

Für 8 Portionen ¼ kg Reis, 1 Liter Milch, 10 g Gelatine (6 Blätter), ¼ l Schlagrahm, 1 Pkg. Vanillezucker, 100 g Zucker
Als Beilage Obst der Saison

Reis in der Milch zugedeckt auf kleiner Flamme zirka 15 Minuten kochen. Auskühlen lassen. Gelatine in etwas Wasser einweichen. In den lauwarmen Reis einrühren und auflösen.
Schlagrahm steif schlagen. Gemeinsam mit Vanillezucker und Zucker unter den kalten Reis mischen.
Masse in eine mit kaltem Wasser ausgespülte Ringform gießen, einige Stunden kalt stellen und fest werden lassen.
Reismasse stürzen, in Scheiben schneiden und mit (geschnittenen) Früchten der Saison servieren.

Nährwerte pro Portion

356 kcal // 8 g Eiweiß // 16 g Fett // 45 g Kohlenhydrate // 0 g Ballaststoffe

DAS SAGT DIE OMA

- Das ist eine Nachspeise.
- Man kann die Gelatine auch weglassen, dann füllt man den Reis in kleine Schüsseln.

GESUNDER TIPP

- Milch und Obers liefern reichlich gesättigte Fette. Die gesündere Alternative wäre, statt Vollmilch fettreduzierte Milch, Soja“milch“ oder Getreidemilch zu verwenden und das Schlagobers wegzulassen (oder nur die Hälfte zu verwenden).
- Wer’s generell weniger süß mag, kann die Hälfte des Zuckers weglassen und/oder durch Honig ersetzen.

Karottensuppe

Emilie Dangl

5–6 Karotten, 2 mittelgroße Kartoffeln (mehlig), 3 EL Öl, Liebstöckl oder Suppenwürze, Salz, Petersilie (gehackt)

Karotten waschen, putzen, Kartoffeln schälen und beides reiben. Öl in einem Topf erhitzen, Karotten darin anrösten. Mit 1 Liter Wasser aufgießen, Liebstöckl (Maggikraut) oder Suppenwürze zugeben und aufkochen. Kartoffelraspeln für die Bindung ebenfalls zugeben und zugedeckt auf kleiner Flamme zirka 5 Minuten kochen.
Eventuell mit Salz abschmecken und mit gehackter Petersilie bestreut servieren.

Nährwerte pro Portion
136 kcal // 3 g Eiweiß // 9 g Fett // 10 g Kohlenhydrate // 5 g Ballaststoffe

DAS SAGT DIE OMA

- Diese schnelle Karottensuppe gehört zu meinen Lieblingsgerichten, vor allem jetzt, da ich nur für mich allein koche. Bis zu zwei Mal pro Woche gibt's diese Suppe.
- Man kann sie eventuell mit Würfeln aus altbackenem Brot servieren.

GESUNDER TIPP

Mit dieser schnellen, leichten Karottensuppe deckt man fast den ganzen Tagesbedarf an Vitamin A.

Käsknöpfle

Imelda Fetz

400 g Mehl (griffig), 3 Eier, Salz, zirka ⅛ l Milch oder Wasser oder Mischung, ½ kg Käse (am besten drei verschiedene, auf jeden Fall aber Bergkäse), 1 Zwiebel, 1 EL Butter

Aus Mehl, Eiern, Salz, Milch oder Wasser mit dem Mixer einen Spätzleteig bereiten.
Käse fein reiben und in eine Extra-Schüssel geben.
Ein Drittel des Teiges durch ein Spätzlesieb in wallendes Wasser geben. Ziehen lassen, bis sie oben schwimmen. Abschöpfen, in eine Schüssel geben, darüber ein Drittel des geriebenen Käses streuen. Noch zweimal wiederholen.
Zum Schluss Zwiebel in kleine Würfel schneiden, in Butter braun rösten und über die Käsknöpfle streuen.

Nährwerte pro Portion
864 kcal // 47 g Eiweiß // 42 g Fett // 73 g Kohlenhydrate // 4 g Ballaststoffe

DAS SAGT DIE OMA

- Die Käsknöpfle sind ein Klassiker im Bregenzerwald.
- Man sollte eigentlich drei verschiedene Käsesorten dafür verwenden (z. B. Alp- bzw. Bergkäse, Rässkäse und Raclettekäse). Alp-/Bergkäse muss aber auf jeden Fall dabei sein und den größten Anteil ausmachen.

GESUNDER TIPP

Käsknöpfle sind sehr gehaltvoll. Wir wollen an ihnen ein Exempel statuieren und sie zum gesunden Genuss machen: Statt weißem könnte man (teilweise) Vollkornmehl nehmen. Bergkäse schmeckt so intensiv, dass man ihn auch als „Gewürz" und in kleineren Mengen verwenden kann.
Auf jeden Fall gehört ein großer Salat dazu! Dafür kann die Portion kleiner ausfallen.

Kartoffelgulasch

Imelda Fetz

1 kleine Zwiebel, 50 g Butter, 1½ Liter Wasser, ½ kg Kartoffeln, 2 EL Paprika, Salz, ½ TL Kümmel (ganz), Pfeffer, 1 Paar Frankfurter

Zwiebel in kleine Würfel schneiden und in einem großen Topf in Butter hellbraun anrösten. Mit Wasser aufgießen. Kartoffeln roh schälen, in mittelgroße Würfel schneiden und dazugeben.
Mit Paprika, Salz, Kümmel und Pfeffer würzen und zugedeckt zirka 20 Minuten köcheln lassen.
Frankfurter in kleine Scheiben schneiden, zum Schluss zugeben und wenige Minuten mitkochen.

Nährwerte pro Portion
247 kcal // 6 g Eiweiß // 17 g Fett // 17 g Kohlenhydrate // 4 g Ballaststoffe

DAS SAGT DIE OMA

Maria Heigl:
Ich würze das Erdäpfelgulasch mit einem Schuss Essig und Majoran und gebe zum Schluss ein bisschen Rahm dazu.

Ingrid Ebenhöh:
Bei mir kommen noch gewürfelte Essiggurkerl dazu.

GESUNDER TIPP

- Rapsöl statt Butter zum Zwiebelrösten verbessert die Fettsäurezusammensetzung.
- 2 EL Öl sind auch genug.
- Fisolen passen auch gut dazu, damit wird das Gulasch noch „gemüsiger".

Kartoffelpuffer

Gerda Halaschek-Wiener

Als Hauptspeise 1 kg Kartoffeln (mehlig) Als Beilage ¾ kg Kartoffeln (mehlig), 1 Ei, Salz, Rapsöl zum Backen

Kartoffeln waschen, schälen, fein reiben. Leicht ausdrücken. Mit Ei und Salz rasch zu einem weichen Gemisch abrühren.
In einer beschichteten Pfanne Öl erhitzen.
Von der Masse Handteller große Flecken ins heiße Fett drücken und auf beiden Seiten knusprig backen. Danach auf Küchenpapier abtropfen lassen.

Nährwerte pro Portion
253 kcal // 6 g Eiweiß // 12 g Fett // 30 g Kohlenhydrate // 5 g Ballaststoffe

DAS SAGT DIE OMA

Früher haben wir Kartoffelpuffer am Herd in der Bauernküche gebacken, heutzutage müsste man dafür ein Ceranfeld haben.

Herta Rathmanner:
- Bei uns gab es Erdäpfelpuffer traditionell immer mit Apfelmus.
- Man kann sie aber auch pikant mit Salat essen. Dazu eventuell die Erdäpfelmasse mit zerdrücktem Knoblauch verfeinern.
- Mit etwas Zitronensaft verhindert man die Braunfärbung der Erdäpfel.

GESUNDER TIPP

- Im Fett braten ist nicht die fettärmste Zubereitungsart. Wenn man aber mit Rapsöl brät, ist zumindest die Fettsäurezusammensetzung optimal.
- Das Ausbacken auf der Herdplatte hat den großen Vorteil, dass man kein Fett dafür braucht.

Linsen mit Grießnudeln

Maria Heigl

Linsen 300 g braune Linsen, 1 Zwiebel, 1 Lorbeerblatt, 40 g Fett, 40 g Mehl, 1 Zwiebel, etwas Petersilie (gehackt), Salz, 1 Spritzer Essig, Thymian, 100 g Selchspeck
Grießnudeln 300 g Bandnudeln, Salz, 3–4 EL Grieß, 2 EL Schmalz oder Öl

Linsen über Nacht einweichen. Mit der gehackten Zwiebel und dem Lorbeerblatt im Einweichwasser zugedeckt auf kleiner Flamme zirka 30–45 Minuten weichkochen. Aus Fett, Mehl und kleingeschnittener Zwiebel eine Einbrenn bereiten (siehe Grundrezept Seite 32). Linsen zugeben, mit Salz, Essig und Thymian abschmecken und durchkochen, die Linsen sollten aber ganz bleiben. Zuletzt den Selchspeck kleinwürfelig schneiden, rösten und drüberstreuen.

Grießnudeln: Bandnudeln in Salzwasser nach Packungsanleitung kochen, abseihen und abschrecken. Grieß in Schmalz oder Öl leicht anrösten, die gekochten Nudeln daruntermischen und im vorgeheizten Rohr bei 170 °C 20 Minuten ausdünsten lassen. Zu den Linsen servieren.

Nährwerte pro Portion
888 kcal // 30 g Eiweiß // 39 g Fett // 105 g Kohlenhydrate // 13 g Ballaststoffe

DAS SAGT DIE OMA

Ich habe dieses Gericht vor vielen Jahren als Dorfhelferin im Weinviertel kennengelernt, wo es immer nach der Weinlese gegessen wurde.

GESUNDER TIPP

- Die halbe Menge Fett und Mehl tut's auch. Auch beim Selchspeck.
- Überhaupt ist dieses Gericht sehr ausgiebig. Für ErntehelferInnen ok, aber für uns BüroarbeiterInnen reicht eine kleinere Portion.

Mehlsterz

Gisela Rathmanner

300 g glattes Mehl, Salz, 200 ml heißes Wasser, 2 EL Schmalz (oder Öl)

Mehl salzen und in einem Topf ohne Fett gelb rösten. Das Mehl sollte sehr heiß werden.
Unter ständigem kräftigen Rühren das heiße Wasser zugeben. Dabei entsteht ein Klumpen, den man mit der Gabel zerkleinert.
Zum Schluss das Fett erhitzen und einrühren.

Nährwerte pro Portion
297 kcal // 7 g Eiweiß // 6 g Fett // 53 g Kohlenhydrate // 3 g Ballaststoffe

DAS SAGT DIE OMA

Wir essen diesen Sterz mit Gurkensalat oder als Beilage zur Rahmsuppe.

GESUNDER TIPP

- Man kann den Mehlsterz durchaus auch mit Vollkornmehl probieren.
- Rapsöl hat im Vergleich zu Schmalz eine wesentlich gesündere Fettsäurezusammensetzung.

Milchrahmstrudel

Emilie Dangl

Für 6 Personen 4 Semmeln, Milch zum Einweichen, 4 Eier, 100 g Butter, 100 g Zucker, 1 Pkg. Vanillezucker, ¼ l Sauerrahm, 150 g Rosinen, Strudelteig aus 150 g Mehl (siehe Grundrezept Seite 40) oder fertigen Strudelteig (220 g), Fett für die Form, ¼ l Milch zum Übergießen

Semmeln in Milch einweichen.
Eier trennen. Dotter mit Butter, Zucker und Vanillezucker schaumig rühren. Semmeln gut ausdrücken und untermischen. Rahm und Rosinen ebenfalls unterrühren.
Strudelteig auflegen, Fülle darauf verteilen, einrollen und in eine gefettete Backform legen.
Im vorgeheizten Backrohr bei 200 °C zirka 30 Minuten backen. Nach der halben Backzeit mit Milch übergießen.

Nährwerte pro Portion

631 kcal // 14 g Eiweiß // 31 g Fett // 73 g Kohlenhydrate // 3 g Ballaststoffe

Obstknödel aus Erdäpfelteig

Pauline Lutz

15 Marillen- oder 25 Zwetschkenknödel 1 kg sehr mehlige Erdäpfel (z. B. Agria oder Hermes), Salz, 5 EL griffiges Mehl, 2 Eier, 2 Dotter, zirka 15 Marillen oder 25 Zwetscken, 50 g Butter, 50 g Kristallzucker, 200 g Semmelbrösel

Erdäpfel in Wasser oder im Dämpfeinsatz zugedeckt je nach Größe zirka 30 Minuten kochen. Schälen, heiß durch die Erdäpfelpresse drücken, salzen. Mit Mehl, Eiern und Dottern schnell abkneten.
Aus dem Teig eine Rolle formen, lauter gleich große Scheiben davon abschneiden, jede Scheibe flachdrücken und ein Stück Obst damit umhüllen. Knödel in leicht wallendem Salzwasser zirka 15 Minuten kochen.
In der Zwischenzeit Butter in einer großen Pfanne zergehen lassen, Zucker einrühren und ebenfalls schmelzen.
Brösel zugeben und hellbraun rösten.
Die Knödel mit einem Schaumlöffel aus dem Kochwasser heben, in den Zuckerbröseln wälzen und heiß servieren.

Nährwerte pro Portion

704 kcal // 19 g Eiweiß // 18 g Fett // 112 g Kohlenhydrate // 12 g Ballaststoffe

DAS SAGT DIE OMA

Den Milchrahmstrudel serviert man am besten mit Vanillesoße.

GESUNDER TIPP

- Man könnte die Hälfte der Butter und ein Drittel Zucker weglassen. Die Rosinen sind süß genug.
- Wenn's kein Rahm-, sondern ein Topfenstrudel sein darf, könnte man Topfen statt Sauerrahm verwenden und damit bis zu 35 g Fett sparen.

DAS SAGT DIE OMA

- Die Obstknödel kann man mit fast allen Obstsorten machen, auch mit gefrorenen Früchten.
- Derselbe Teig kann auch für Fleischknödel verwendet werden.

GESUNDER TIPP

Vollkornmehl und -brösel und Rapsöl statt Butter machen diese Obstknödel extragesund.

Anita Gransche-Stabenow, Heidelberg (D)

Gemeinsam Essen ist ihr sehr wichtig. „Wenn unsere Tochter von der Schule nach Hause kam, gab uns das Mittagessen Gelegenheit zu plaudern." Nichts kann Anita weniger leiden als Tischgenossen, die ihr Essen stumm in sich hineinmampfen. „Ein Mahl in Gesellschaft ladet die Batterien auf." Sie genießt die Wertschätzung, die ihre Tochter und ihr Ehemann ihr entgegenbringen; schmunzelnd zeigt sie auf eine gebastelte Urkunde der beiden: Die beste Köchin der Welt.

Warum sie immer noch gern kocht, kann Anita leicht beantworten: „Weil mir mein eigenes, frisch gekochtes Essen einfach schmeckt." Außerdem isst sie gern warm. So gibt es auch am Abend oft noch gebratene Nudeln mit Ei oder eine Improvisation von den Resten zu Mittag.

Schon ihre Großmutter kochte gut, ihre Mutter tut es noch immer. Aber Vorbild für ihre Kochkünste war ihr vier Jahre älterer Bruder, den sie immer noch nach Tipps und Ideen fragt. „Als ich sechs Jahre alt war und meine Eltern mal nicht zu Hause waren, machten mein Bruder und ich Karamellbonbons. Ich war so fasziniert davon."

Sie selbst fing spät mit dem Kochen an. „Mein erstes Essen für mich ganz allein machte ich mit 19." Das war in Stuttgart, während ihrer Ausbildung zur Gymnastiklehrerin. „Ich war in einem Zimmer eingemietet, wo es nur eine Kochplatte gab. Auf der zauberte ich mir dann Spinat mit Salzkartoffeln und Spiegelei. Ich war darauf sehr stolz." Später in der Wohngemeinschaft hat ihr das Kochen mit anderen viel Spaß gemacht. Lachend erinnert sie sich: „Diese ständige Nudelkocherei war bestimmt nicht besonders gesund, aber die Teigwaren konnten doch ganz gut die beträchtlichen Mengen von Rotwein aufsaugen, der für gute Stimmung in der Küche sorgte."

Die Qualität ihrer Speisen besserte sich schlagartig, als sie in München zu einer der ersten Abonnenten der Bio-Kiste wurde. „Kundennummer 35!" Die große Routine beim Kochen gibt Anita heute viel Freiheit zum Herumprobieren. „Ich koche kaum noch nach Rezept. Mein Mann improvisiert im Jazz, ich in der Küche." Dass sie das so gut macht wie keine andere, findet sich Schwarz auf Weiß an ihrer Wand.

Obstknödel aus Mehlteig

Emilie Dangl

12 Marillen- oder 16 Zwetschkenknödel 300 g Mehl, zirka 12 Marillen oder 16 Zwetschken, 40 g Butter, 150 g Semmelbrösel, 40 g Kristallzucker

Mehl und 300 ml kochendes, gesalzenes Wasser verrühren, mit den Händen kneten, bis ein formbarer Teig entsteht. Teig in lauter gleich große Stücke teilen und Obst damit umhüllen.
In einem großen Topf Wasser aufkochen, leicht salzen. Knödel einlegen und in leicht wallendem Wasser kochen, bis sie an die Oberfläche steigen.
In einer großen Pfanne Butter schmelzen, Brösel und Zucker darin goldbraun rösten.
Knödel mit einem Schaumlöffel aus dem Wasser heben, in den Butterbröseln wälzen.

Nährwerte pro Portion

554 kcal // 12 g Eiweiß // 10 g Fett // 102 g Kohlenhydrate // 7 g Ballaststoffe

DAS SAGT DIE OMA

Theresia Salzmann:
Wenn es kein frisches Obst gibt, kann man die Fülle auch aus gedörrten Zwetschken machen. Zwetschken ganz fein schneiden (wenn sie sehr hart sind, eventuell vorher einweichen), mit Zimt vermischen, kleine Kugerl formen, diese mit Teig umhüllen und wie Obstknödel kochen.

GESUNDER TIPP

Auch diesen Teig kann man ruhig mit Vollkornmehl versuchen – zumindest zur Hälfte. Eventuel benötigt man dann etwas mehr Wasser, das Vollkornmehl „saugt“ mehr.

Obstknödel aus Topfenteig

Leopoldine Gindl, aufgezeichnet von Herta Rathmanner

70 g Butter, 1 Ei, 250 g Magertopfen, 20 g Mehl, Prise Salz, 15 Stk. Obst (Marillen, Erdbeeren, Zwetschken, auch Trockenfrüchte), 40 g Butter, 200 g Semmelbrösel, 1 EL Zucker

Die zimmerwarme Butter mit dem Ei schaumig rühren, Topfen untermischen, zuletzt Mehl und Salz. Aus dem Teig eine Rolle formen, 15 gleich große Stücke abschneiden. Je ein Teigstück flach drücken und Obst damit umhüllen.
In einem großen Topf Wasser aufkochen, leicht salzen. Knödel einlegen und in leicht wallendem Wasser kochen, bis sie an die Oberfläche steigen.
In einer großen Pfanne Butter schmelzen, Brösel und Zucker darin goldbraun rösten.
Knödel mit einem Schaumlöffel aus dem Wasser heben, in den Butterbröseln wälzen.

Nährwerte pro Portion

547 kcal // 17 g Eiweiß // 26 g Fett // 60 g Kohlenhydrate // 6 g Ballaststoffe

GESUNDER TIPP

- Dieser Teig kommt ganz ohne Zucker aus!
- Man könnte mit Vollkornmehl und -bröseln den Mineral- und Ballaststoffgehalt erhöhen.

Polentanockerl in Salbeibutter

Angelika Brandhofer

200 g Polenta, ½ Liter Gemüsesuppe (oder Salzwasser), 2 EL Butter, eine Handvoll Salbeiblätter

Polenta mit einem Schneebesen in die kochende Gemüsesuppe einrühren und auf kleiner Flamme zugedeckt zirka 15 Minuten kochen. (Die Gemüsesuppenmenge variiert je nach Beschaffenheit der Polenta. Auf jeden Fall sollte die Masse nach dem Kochen stichfest sein.)
In einer Pfanne Butter erhitzen und Salbeiblätter darin leicht anrösten. (Achtung, die Butter wird leicht braun!)
Mit einem großen Löffel zirka 15 Nocken aus der Polenta-Masse stechen. Damit die Masse nicht kleben bleibt, den Löffel zwischendurch immer wieder mit kaltem Wasser benetzen.
Die Nocken in die Pfanne zur Salbeibutter geben und darin schwenken.
Mit Grünem Salat servieren.

Nährwerte pro Portion
223 kcal // 5 g Eiweiß // 6 g Fett // 38 g Kohlenhydrate // 3 g Ballaststoffe

DAS SAGT DIE OMA

- Dazu passt Grüner Salat.
- Alternativ zur Salbeibutter kann man die Nockerl auch in angerösteten Speckwürfeln schwenken. Oder: Speck, gehackten Zwiebel und fein geschnittene Schwammerl anrösten und Nockerl darin schwenken.

GESUNDER TIPP

Am besten einen großen Salat dazu servieren.

Paradeissuppe mit Dinkelreis

Pauline Lutz

20 g Butter, 20 g Mehl, 100 ml Milch, 100 ml Wasser, 1 l eingewecktes Paradeismark (oder Passata aus dem Glas), Salz, 1 EL Zucker, Suppenwürfel, 1–2 Gewürznelken, 400 g Dinkelreis (gekocht)

Aus Butter und Mehl eine Einbrenn bereiten (siehe Grundrezept Seite 32), mit Milch und Wasser unter ständigem Rühren aufgießen, glattrühren. Paradeismark zugeben.
Suppe mit Salz, Zucker, Suppenwürfel und Gewürznelken würzen und einige Minuten zugedeckt kochen lassen.
Suppe mit gekochtem Dinkelreis als Einlage servieren.

Nährwerte pro Portion
223 kcal // 8 g Eiweiß // 6 g Fett // 33 g Kohlenhydrate // 6 g Ballaststoffe

DAS SAGT DIE OMA

Im Sommer kann man diese Suppe natürlich auch mit frischen Paradeisern zubereiten.

GESUNDER TIPP

Aus Paradeisern, vor allem, wenn sie erhitzt werden, gewinnt der Körper reichlich Lykopin. Das ist ein Stoff, der aggressive Radikale entschärfen und damit wahrscheinlich vor Krebs schützen kann.

Powidltascherl

Angelika Brandhofer

2 große Erdäpfel (mehlig), 1 Ei, 1 EL Butter, Prise Salz, Mehl (griffig) nach Bedarf, Powidl, 1 Eiklar, 2 EL Butter

Erdäpfel in Wasser oder im Dämpfeinsatz zirka 30 Minuten weichkochen und schälen, durch die Erdäpfelpresse drücken (oder stampfen).
Aus Erdäpfeln, Ei, Butter, Salz und Mehl einen nicht zu weichen Teig bereiten.
Teig dünn ausrollen und in 5 x 5 cm große Quadrate schneiden. Auf jedes Quadrat 1 TL Powidl geben. Ränder mit Eiklar bestreichen, Teigtaschen diagonal zusammenklappen, Ränder fest andrücken.
Teigtaschen in leicht köchelndes Salzwasser einlegen und so lange ziehen lassen, bis sie obenauf schwimmen. Abseihen und in Butter schwenken. Am besten mit Kompott servieren.

Nährwerte pro Portion

368 kcal // 7 g Eiweiß // 10 g Fett // 62 g Kohlenhydrate // 3 g Ballaststoffe

DAS SAGT DIE OMA

- Alternativ zur Butter können die Powidltascherl auch in gerösteten Bröseln oder gerösteten, geriebenen Nüssen geschwenkt werden.
- Powidltascherl kommen in der Zubereitung ganz ohne Zucker aus, der Powidl liefert genug Süße.

Polsterzipf

Emilie Dangl

80 g Butter, 260 g glattes Mehl, 2 Dotter, Salz, 1 EL Rahm oder Weißwein, Öl zum Ausbacken, Staubzucker zum Bestreuen

Aus Butter, Mehl, Dotter, Salz und Rahm bzw. Wein mit der Hand einen Teig bereiten.
Diesen wie Nudelteig dünn ausrollen, rechteckige „Polsterzipf" ausschneiden und in heißem Öl herausbacken. Abtropfen und mit Zucker bestreut servieren.

Nährwerte pro Portion

601 kcal // 8 g Eiweiß // 41 g Fett // 51 g Kohlenhydrate // 3 g Ballaststoffe

DAS SAGT DIE OMA

Wir haben sie immer als Hauptspeise mit Kanarimilch (Vanillesauce) zum Eintauchen gegessen.

GESUNDER TIPP

- Zum Ausbacken am besten Rapsöl verwenden. Da hat man zwar immer noch viel, aber immerhin gesundes Fett.
- Unbedingt auf Küchenpapier gut abtropfen lassen.
- Statt weißem Mehl könnte man Vollkornmehl verwenden.
- Als Vorspeise isst man am besten eine Gemüsesuppe.

Rote Linsensuppe mit Ingwer

Anita Gransche-Stabenow

zirka 800 g Wurzelgemüse (alles, was im Kühlschrank vorhanden ist: Pastinaken, Petersilienwurz, Sellerie, Karotten, rote Beete, Schwarzrettich), 3 cm großes Stück Ingwer, 3 EL Olivenöl, 3 Zwiebeln, 4 Knoblauchzehen, 250 g rote Linsen, Salz, Pfeffer, evtl. Cayennepfeffer, frischer Koriander oder Petersilie (gehackt)

Wurzelgemüse schälen und in Scheiben schneiden (am besten mit der Küchenmaschine). Mit dem geschälten, kleingehackten Ingwer in Olivenöl andünsten.
Zwiebeln und Knoblauch fein hacken, zugeben. Unter ständigem Rühren glasig dünsten.
Mit Wasser aufgießen, Gemüse drei Finger breit damit bedecken. 5 Minuten lang zugedeckt bissfest kochen.
Linsen zugeben und nach Packungsanleitung mitkochen. Suppe mit Salz, Pfeffer und eventuell Cayennepfeffer würzen.
Mit reichlich gehacktem Koriander oder Petersilie bestreut servieren.

Nährwerte pro Portion
420 kcal // 18 g Eiweiß // 18 g Fett // 46 g Kohlenhydrate // 12 g Ballaststoffe

Scheiterhaufen

Maria Heigl

5 Stück altbackene Semmeln oder Striezel, zirka ¼ l Milch, 1 Ei, 1 Prise Salz, 50 g Zucker, ¼ kg Äpfel, 40 g Butter, evtl. Rosinen

Semmel blättrig schneiden.
Milch mit Ei, Salz und Zucker versprudeln. Diese Mischung über die Semmeln gießen.
Äpfel waschen, entkernen und mit Schale blättrig schneiden.
Wenn die Semmeln gut durchgeweicht sind, eine Lage in eine gebutterte Auflaufform schichten, darauf eine Lage Apfelblätter verteilen. Diesen Vorgang so oft wiederholen, bis die Semmelmasse und die Äpfel aufgebraucht sind.
Mit einer Semmelschicht abschließen, die restliche Butter schmelzen und darüber träufeln.
Den Scheiterhaufen im vorgeheizten Rohr bei 170 °C zirka 30–45 Minuten backen.

Nährwerte pro Portion
363 kcal // 9 g Eiweiß // 14 g Fett // 52 g Kohlenhydrate // 3 g Ballaststoffe

DAS SAGT DIE OMA

Dazu passen alle Würste, die man warm machen kann.

GESUNDER TIPP

- Linsen sind, wie Erbsen und Bohnen, ein hervorragender Fleischersatz, weil sie so eiweißreich sind.
- Nebenbei enthalten sie auch reichlich Ballast- und Mineralstoffe.

DAS SAGT DIE OMA

Den Scheiterhaufen essen wir als Hauptspeise. Meistens gibt es eine Suppe vorher und dazu Kaffee oder Tee.

GESUNDER TIPP

- Man kann den Scheiterhaufen auch mit Grahamweckerln machen, die haben wesentlich mehr Ballaststoffe als Semmeln, schmecken aber ähnlich.
- Kalorien kann man bei Milch (fettarme statt Vollmilch), bei Butter und Zucker (weniger) sparen.

Restlauflauf

Emilie Dangl

4 Semmeln, ⅛ l Milch, 2 Eier, Salz, Pfeffer, Wurst-, Fleisch-, Käsereste (Menge nach Verfügbarkeit), Butter für die Form, 100 g geriebener Käse und einige Butterflocken zum Überbacken

Semmeln blättrig schneiden.
Milch und Eier versprudeln, würzen, über die geschnittenen Semmeln gießen und aufweichen lassen.
Wurst-, Fleisch- und/oder Käsereste klein schneiden.
In eine mit Butter ausgestrichene Auflaufform die Hälfte der Semmelmasse schichten, Reste darauf verteilen, mit einer Semmelschicht abschließen. Mit geriebenem Käse und Butterflocken bestreuen.
Im vorgeheizten Backrohr bei mittlerer Hitze (180 °C) 40 Minuten goldbraun überbacken.

Nährwerte pro Portion

593 kcal // 35 g Eiweiß // 39 g Fett // 28 g Kohlenhydrate // 2 g Ballaststoffe

Rupfene (Waldviertler Knödel)

Ingrid Ebenhöh

8 Knödel: 2 kg Erdäpfel (mehlig), 1 EL Essig, Salz

250 g Erdäpfel im Dämpfeinsatz zugedeckt je nach Größe zirka 30 Minuten kochen, schälen und durch die Erdäpfelpresse drücken.
Die restlichen Erdäpfel roh schälen und sofort in eine Schüssel Wasser mit 1 EL Essig legen (um das Braunwerden zu verhindern). Mit einer Erdäpfelreibe oder mit der Küchenmaschine reiben. Masse in ein Leinen- oder Geschirrtuch geben und gut auspressen.
Man sollte dann zwei Drittel rohe, ausgepresste und ein Drittel gekochte Erdäpfelmasse haben. Diese vermischen, salzen, zu Knödeln formen und in Salzwasser je nach Größe 20–30 Minuten köcheln.

Nährwerte pro Portion

144 kcal // 4 g Eiweiß // 0 g Fett // 30 g Kohlenhydrate // 5 g Ballaststoffe

Das sagt die Oma

Mit Salat nach Saison oder aus der Konserve servieren.

Gesunder Tipp

- Statt Semmeln könnte man „richtiges“ Vollkornbrot oder -gebäck (oder zumindest Grahamweckerl) verwenden. Das passt auch zum herzhaften Geschmack von den Wurst-, Fleisch- oder Käseresten.
- Die Butterflocken zum Überbacken kann man weglassen.

Das sagt die Oma

- „Rupfene“ heißen die Knödel, weil sie nach dem Kochen so g'rupft ausschauen.
- Nicht wundern, wenn die Knödel bräunlich oder grünlich werden. Das beeinträchtigt die Qualität nicht.
- Man kann sie auch füllen (z.B. mit Fleischresten oder Grammeln).

Gesunder Tipp

Knödel, die ausschließlich aus Erdäpfeln bestehen: Da gibt es nichts zu verbessern! Kalorienarm, fettarm, nährstoffreich – die ideale Beilage.

Saure Hunde

Maria Heigl

1 kg Erdäpfel
60 g Fett
60 g Mehl
½ Zwiebel
¼ l Wasser/Suppe/Gemüsesud zum Aufgießen
1 Spritzer Essig
Salz
Pfeffer
Lorbeerblatt
⅛ l Sauerrahm

Erdäpfel in Wasser zugedeckt bei kleiner Hitze zirka 30 Minuten kochen. Schälen und blättrig schneiden.
Aus Fett, Mehl und gehackter Zwiebel eine Einbrenn bereiten (siehe Grundrezept Seite 32), unter kräftigem Rühren mit der Flüssigkeit aufgießen, Lorbeerblatt zugeben und gut durchkochen. Mit Essig, Salz und Pfeffer kräftig würzen, Lorbeerblatt entfernen. Die blättrigen Erdäpfel und den Rahm untermischen.

Nährwerte pro Portion
454 kcal // 11 g Eiweiß // 20 g Fett // 54 g Kohlenhydrate // 7 g Ballaststoffe

DAS SAGT DIE OMA

Kann man mit Essiggurkerl oder Wurstscheiben verfeinern. Passen gut zu Rindfleisch, aber auch als Hauptspeise.

Gisela Rathmanner
Bei uns heißen sie „dicke Grumpern". Ich würze mit Thymian und Majoran.

GESUNDER TIPP

- Als Fett für die Einbrenn am besten Rapsöl verwenden.
- Die halbe Menge Einbrenn reicht vielleicht auch.

Emilie Dangl, Kemmelbach (NÖ)

„Ich koche viel nach eigenen Ideen. Deshalb gibt es auch oft keine Namen für meine Gerichte." Emilie schmunzelt. „Ich koche ja nur noch für mich allein, da mache ich einfache Sachen, die schnell gehen." Senioren von heute haben ja Freizeitstress, sagt sie lachend. Karten spielen, Besuche machen. Daher greift sie mittlerweile auch zu Fertiggerichten und verwendet die Mikrowelle.

Doch eigentlich kocht sie fast täglich, vor allem Gemüse. Zweimal die Woche gibt es Karottensuppe. „Da ich jetzt kochen kann, was ich will, verwende ich auch viel Knoblauch und Zwiebeln." Eine Zeit lang hat sie immer im Gasthaus gegessen, doch irgendwann war ihr das zu viel. Also kocht sie jetzt wieder selbst.

Schon während ihrer Lehre zur Zahntechnikerin ging sie essen. „Das war in Kärnten – wir bekamen dafür Marken." Damals, sie lacht wieder, habe sie noch mehr gegessen. „Einmal, als uns der Meister einlud, habe ich dreißig Zwetschkenknödel gegessen." Ihr Kollege schaffte nur zwei mehr. „Aber die Brandteighülle", fügt sie hinzu, „war ja nur hauchdünn".

Als sie heiratete, konnte sie nicht kochen. Das hörte sie auch einmal von einem Arzt, dem sie während eines Hausbesuchs eine Eierspeis machte. „Das Weib kann ja gar nicht kochen." Er hatte recht. Das Schmalz war nicht heiß genug. Das reingeschlagene Ei zischte nicht." Sie lacht. Danach schaute sie sich viel von ihrer Tante ab. Viele Rezepte hatte sie aus Kochbüchern, doch die Gerichte schmeckten jedes Mal anders. Wieder muss Emilie lachen. „In ein Rezept schaute ich immer nur beim ersten Mal." Früher kochte sie auch viel ein. „350 Gläser im Jahr. Bis vor 15 Jahren, bis dahin war der Garten noch ein einziger Gemüsegarten."

Ob ihre Familie ihr Kochen schätzte, weiß sie nicht. Ihre Tochter jedenfalls kocht heute anders. „Sie verwendet weniger Einbrenn, weniger Schmalz und kocht nach anderen Rezepten." Sie schmunzelt: „Vielleicht liegt es aber auch daran, dass meine Speisen nie einen Namen hatten."

Semmelkren

Gisela Rathmanner

8 Semmeln, 2 EL Öl, 1 Liter Suppe (am besten Rindssuppe, alternativ Gemüsesuppe aus Pulver), zirka 50 g Kren (nach Belieben mehr), 1 Knoblauchzehe (zerdrückt), Pfeffer

Semmeln zerrupfen, in heißem Öl kurz rösten.
Mit heißer Suppe aufgießen, aufkochen, Semmelstücke mit dem Kochlöffel zerkleinern.
Kren reißen und gemeinsam mit dem zerdrückten Knoblauch und etwas Pfeffer untermischen. Sofort servieren.

Nährwerte pro Portion

288 kcal // 8 g Eiweiß // 7 g Fett // 48 g Kohlenhydrate // 4 g Ballaststoffe

Das sagt die Oma

- So kann man altbackene Semmeln aufbrauchen.
- Diese klassische Beilage zu Rindfleisch schmeckt am besten, wenn man die Semmeln mit Rindsuppe aufgießt.
- Manchmal gebe ich auch die weichgekochten Karotten aus der Suppe dazu und zerstoße sie grob mit dem Kochlöffel. Das macht eine schöne Farbe.

Gesunder Tipp

- Die Idee mit den Karotten ist gut! Mit folgender Variation wird der Semmelkren von der Beilage zu Fleisch zu einer „gemüsigen" Hauptspeise: Pro Person eine Karotte würfelig schneiden, in der Aufgusssuppe weichkochen und unter die Semmeln mischen. Restliche Zubereitung wie oben.
- Die Schärfe vom Kren rührt von den so genannten Senfölen her. Sie wirken keimtötend.

Semmelknödel

Ingrid Ebenhöh

7 Semmeln (1–2 Tage alt), 100 g Butter (geschmolzen), 200 ml Milch, 2 Eier, Salz, Muskatnuss, Petersilie (gehackt), Mehl zum Wälzen

Semmeln würfelig schneiden, in eine Schüssel geben und geschmolzene Butter untermischen.
Milch, Eier, Salz, Muskat und Petersilie versprudeln, über die Semmeln gießen, gut vermischen und mit der Hand kneten. Masse zirka 10 Minuten ziehen lassen.
Danach je nach gewünschter Größe, 4–8 Knödel formen, in Mehl wälzen und im Dämpfeinsatz über Dampf zugedeckt 15–20 Minuten garen.

Nährwerte pro Portion

263 kcal // 7 g Eiweiß // 14 g Fett // 23 g Kohlenhydrate // 2 g Ballaststoffe

Das sagt die Oma

- Wer mag, kann noch geröstete Zwiebel in die Knödelmasse mischen.
- Wenn die Knödelmasse zu flüssig ist, kann man mit Mehl helfen.
- Ich gare die Semmelknödel immer im Dämpfeinsatz. Im kochenden Wasser zerkochen sie sich so leicht. Außerdem kann man die Knödel im Dämpfeinsatz auch bis zu einer Stunde aufbewahren (Herd abdrehen!), ohne dass sie gatschig werden.

Gesunder Tipp

- Wer diesen Beilagen-Klassiker gesünder machen will, kann Grahamweckerl verwenden.
- Auf jeden Fall kann man die Butter weglassen. Meistens kommt noch Soße drüber.

Senfsoße mit Ei und Salzkartoffeln

Anita Gransche-Stabenow

10 mittelgroße Kartoffeln (mehlig)
Salz
8 Eier
1 Zwiebel
1 EL Butter
⅜ l süße Sahne
Senf, verschiedene Sorten (scharf, mild, grob) insgesamt mindestens 5 TL
frische Kräuter nach Saison (gehackt)

Kartoffeln schälen, vierteln und in Salzwasser zirka 10–15 Minuten kochen.
Eier hart kochen.
Zwiebel fein hacken, in Butter glasig dünsten. Mit Sahne aufgießen und mit Senf würzen.
Eier schälen, vier davon mit dem Ei-Schneider in feine Scheiben schneiden, vier Eier fein hacken. Die unterschiedlich geschnittenen Eier und die gehackten Kräuter unter die Senfsoße mischen.
Senfsoße mit den Salzkartoffeln servieren.

Nährwerte pro Portion

603 kcal // 22 g Eiweiß // 45 g Fett // 28 g Kohlenhydrate // 4 g Ballaststoffe

Das sagt die Oma

- Je mehr verschiedene Senfsorten, desto besser wird die Soße. Ich habe immer mindestens fünf Sorten daheim.
- Im Winter gebe ich in die Soße gehackten Schnittlauch und Petersilie, im Frühjahr verschiedene Kräuter wie Pimpernell, Bärlauch, Borretsch, Sauerampfer. Unbedingt erst zugeben, wenn die Soße vom Herd ist.
- Man kann sie mit einer Milch-Rahm-Mischung oder auch nur mit Milch verlängern.
- Die Soße schmeckt zu Naturschnitzel, gekochtem Spargel oder auch kalt.

Gesunder Tipp

Wem Obers zu fett ist, der kann die Soße auch nur mit Rahm oder Rahm-Milch-Mischung probieren.

Weinmuas mit Nudeln

Imelda Fetz

Weinmuas 1 harte Semmel, 50 g Butter, ¼ Liter Rotwein, ⅛ Liter Wasser, 50 g Zucker, 1 TL Zimt Nudeln 1 Tasse feine Suppennudeln, ½ Tasse Zucker, 1 Tasse Brösel, 20 g Butter

Weinmuas: Semmel in Streifen schneiden und in Butter anrösten. Rotwein, Wasser, Zucker und Zimt vermischen, erhitzen und über die Semmel gießen. Das Muas soll eine breiige Konsistenz haben.
Nudeln: Nudeln in reichlich Salzwasser gemäß Packungsanleitung al dente kochen. Abseihen. Zucker und Brösel in Butter rösten und mit den Nudeln vermengen.
Weinmuas zu den Nudeln servieren.

Nährwerte pro Portion

535 kcal // 7 g Eiweiß // 16 g Fett // 82 g Kohlenhydrate // 3 g Ballaststoffe

Türkensterz

Gerti Kucher

¾ l Wasser, Salz, 400 g Maisgrieß, 80 g Butter

Wasser salzen, zum Kochen bringen, den Maisgrieß mit der Schneerute einrühren (Achtung, es spritzt!), und bei kleinster Hitze zugedeckt zirka 30 Minuten ausdünsten lassen.
Mit einer Sterzgabel (oder Fleischgabel) auflockern, die heiße Butter untermischen, auf der ausgeschalteten Herdplatte ohne Deckel stehen lassen (der Sterz wird so fester), danach nochmals „abgabeln".

Nährwerte pro Portion

493 kcal // 9 g Eiweiß // 18 g Fett // 74 g Kohlenhydrate // 5 g Ballaststoffe

Das sagt die Oma

Weinmuas mit Nudeln ist eine Nachspeise, wenn es vorher eine sättigende (Gemüse-) Suppe gab.

Gesunder Tipp

- Statt des weißen Zuckers könnte man Rohzucker nehmen.
- Da man dieses Gericht weder mit Obst noch mit Gemüse garniert, ist eine Gemüsesuppe davor eine hervorragende Idee.

Das sagt die Oma

- Die Bezeichnung „Türkensterz" ist politisch durchaus korrekt, denn „der Türken" ist der Kärntner Ausdruck für Mais.
- Mit (Getreide-) Milchkaffee ist der Sterz für uns ein feines Abendessen, an heißen Sommertagen mit saurer Milch, in die man pro Portion einen Esslöffel Sauerrahm gibt, ein erfrischendes Mittagessen.

Gesunder Tipp

Weniger Butter tut's auch. Der gelbe Farbstoff im Mais (Zeaxanthin) gehört zur selben Gruppe wie das Beta-Carotin in Karotten. Beides sind potente Radikalfänger, das heißt sie können aggressive Verbindungen entschärfen, die schlimmstenfalls zur Krebsentstehung beitragen.

Waldviertler Mohnnudeln mit Sterzteig

Ingrid Ebenhöh

600 g Erdäpfel (mehlig)
Salz
200 g Mehl
200 g Mohn (gemahlen oder selbst mahlen) (oder mehr – je nach Belieben)
100 g Kristall bzw. Staubzucker
100 g Schmalz
Staubzucker zum Bestreuen

Erdäpfel schälen, vierteln und in einem hohen Topf in reichlich Salzwasser zugedeckt zirka 20 Minuten kochen, bis auf zirka ⅓ Wasser abseihen. Mehl dazugeben und mit dem Kochlöffel-Ende Löcher in die Masse stechen. Zugedeckt 10 Minuten „ausdünsten lassen“ (ohne Hitzezufuhr), bis Wasser in die Löcher aufsteigt. Danach die Masse mit dem Erdäpfelstampfer zerdrücken und mit der Hand durchkneten. Eine Teigrolle formen, kleine Scheiben davon abschneiden und diese zu Nudeln wuzeln.
Wenn man den Mohn selber im Mörser stößt, vorher im Rohr auf einem Backblech bei 100 °C zirka 30 Minuten knusprig rösten, dabei immer wieder umrühren. Danach mit Zucker vermischen und stoßen. (Wenn man ihn durch den Mohnwolf dreht, wird der Staubzucker erst am Ende nach Belieben über die Nudeln gestreut. Auch bei gekauftem Mohn empfiehlt es sich, immer erst am Teller zu zuckern, da jeder Gaumen anders ist.)
Schmalz in einer Pfanne schmelzen. In einer Form Nudeln, Schmalz, Mohn, wieder Nudeln, Schmalz und Mohn einschichten. (Umrühren ist nicht so gut, man zerstört die Nudeln.) Im vorgeheizten Rohr bei 150 °C zirka 15 Minuten backen.
Mit Staubzucker bestreut servieren.

Nährwerte pro Portion
812 kcal // 18 g Eiweiß // 47 g Fett // 80 g Kohlenhydrate // 15 g Ballaststoffe

DAS SAGT DIE OMA

- Sterzteig heißt dieser Erdäpfelteig, weil er auch für Sterz verwendet wurde.
- Im Gegensatz zu Mohnnudeln aus Erdäpfelteig werden diese nicht mehr gekocht.
- Mit Fett darf man hier nicht sparen. Der Nachteil beim Sterzteig ist, dass er sich leicht mit Fett vollsaugt. Die angegebene Menge Schmalz braucht man unbedingt.

GESUNDER TIPP

- Mohn ist zwar eine recht fette Angelegenheit, enthält aber nicht nur gesundes Fett, sondern auch jede Menge Mineralstoffe.
- Den Nudelteig kann man ruhig mit (einem Teil) Vollkornmehl versuchen.
- Man kann ja trotz Omas Warnung versuchen, nur die Hälfte Fett zu nehmen und Rapsöl statt Schmalz zu verwenden.

Weiße Bohnensuppe mit Erdäpfeln

Christine Sachslehner, aufgezeichnet von Christine Schindelegger

1 Dose weiße Bohnen (480 g Abtropfgewicht), 1 kleine Zwiebel, 2 EL Butter, 3 EL Weißwein, Gemüsesuppenwürze, Lorbeerblatt, Muskatnuss, Kümmel (gemahlen), Majoran, Pfeffer, 2 EL Weinessig, ⅛ l Sauerrahm, 1 EL Mehl, 200 g Erdäpfel, 2 Karotten, Schnittlauch

Bohnen abseihen. Zwiebel feinwürfelig schneiden, in Butter anschwitzen. ¾ der Bohnen dazugeben, mit Weißwein ablöschen, mit 1 Liter Wasser aufgießen. Gewürze und Weinessig zugeben, 10 Minuten köcheln. Sauerrahm mit Mehl versprudeln und einrühren, kurz weiterkochen lassen.
Erdäpfel schälen und kleinwürfelig schneiden, Karotten julienne (in feine Streifen) schneiden. Beides in wenig Wasser einige Minuten dünsten. Gemüse mit den restlichen Bohnen in die Suppe geben. Mit geschnittenem Schnittlauch bestreut servieren.

Nährwerte pro Portion
243 kcal // 10 g Eiweiß // 11 g Fett // 25 g Kohlenhydrate // 8 g Ballaststoffe

DAS SAGT DIE OMA

- Bei uns heißt diese Suppe auch „Fastensuppe“.
- Sie schmeckt übrigens auch ohne Weißwein gut.
- Weil ich nicht immer Wein offen habe, friere ich ihn portionsweise ein. So habe ich immer Wein zum Verfeinern bei der Hand.

GESUNDER TIPP

Die Bohnensuppe ist wirklich eine Fastensuppe: Eine sättigende, nährstoffreiche und kalorienarme Angelegenheit – wenn man sie als Hauptspeise isst.

Zwiebelsuppe

Leopoldine Gindl, aufgezeichnet von Herta Rathmanner

4 mittelgroße Zwiebel, 2 EL Rapsöl, 2 EL Mehl, zirka 1 l Suppe, Pfeffer Einlage 2 Semmeln, Baguette oder Toastbrot, 50 g würziger Käse (gerieben), Pfeffer

Zwiebel fein hacken, in Öl hellbraun rösten. Mit Mehl stauben, mit ½ Liter Suppe aufgießen, fest rühren, damit keine Klumpen entstehen. Zugedeckt bei kleiner Hitze zirka 20 Minuten köcheln. Mit restlicher Suppe bis zur gewünschten Konsistenz verdünnen. Mit Pfeffer abschmecken.
Backrohr auf 250 °C vorheizen. Semmeln bzw. Baguette in Scheiben schneiden, mit Käse bestreuen, Pfeffer darüber mahlen. Käsebrötchen zirka 10 Minuten goldbraun überbacken. Als Suppeneinlage servieren.

Nährwerte pro Portion
195 kcal // 7 g Eiweiß // 10 g Fett // 19 g Kohlenhydrate // 2 g Ballaststoffe

DAS SAGT DIE OMA

Besonders fein schmeckt die Suppe, wenn man mit einem Schuss Weißwein aufgießt.

GESUNDER TIPP

- Statt Weißbrot nimmt man besser Vollkornbrot, das passt sowohl zum Zwiebel als auch zum kräftigen Käse super.
- Zwiebel sollte viel öfter nicht nur zum Anrösten, sondern als eigenständiges Gemüse verwendet werden. Seine scharf-würzigen Schwefelstoffe können den Cholesterinspiegel senken und die Blutgefäße schützen.

Eva-Maria Micko, Wels (OÖ)

Ihre Kinder riefen früher wegen jeder Kleinigkeit an, wenn sie beim Kochen nicht weiterwussten. Heute, schmunzelt Eva-Maria, ist das anders: „Ich interessiere mich jetzt mehr für die Rezepte meiner Töchter als sie für meine.“ Sie freut sich, dass ihre Töchter sehr gute Köchinnen sind. Auch, dass ihr Mann das von ihr behauptet. „Ich koche leidenschaftlich gern, abwaschen mag ich dagegen gar nicht.“ Sie muss lachen.

Sie kochte immer schon gern. Als ihre Eltern einmal auf Urlaub waren, probierte sie ihre ersten Semmelknödel. „Ich hab mich gefragt, warum man den Teig ziehen lassen soll.“ Also machte sie die Knödel gleich und war erstaunt, dass sie steinhart wurden. Amüsiert erinnert sie sich: „Da wusste ich, Kochbüchern kann man ruhig vertrauen“. Das war, als sie zirka 13 Jahre alt war.

Richtig lernte sie das Kochen in der Haushaltungsschule in Wels. Es war zwar selbstverständlich, dass sie als Kind mithalf, doch ihre Mutter kochte nicht gerne. „Auch für mich gab es eine Zeit, in der es mir so ging wie ihr.“ Immer dann, wenn sie mit dem Essen zu einem bestimmten Zeitpunkt fertig sein musste.

Aus diesem Grund auf Fertiggerichte zurückzugreifen, kam aber nie in Frage. Auch keine Halbfertiggerichte. „Die sind zwar praktisch, aber ich mag das nicht.“ Viel lieber versucht sie, frisch und saisonal zu kochen. „Mich interessiert das, was es in der jeweiligen Jahreszeit gibt.“ Daher bezieht sie ihr Gemüse vom eigenen Hochbeet, vom Markt oder von einer Nachbarin.

Heute liebt sie es, Rezepte auszuprobieren. „Mein Mann und ich haben meterweise Kochbücher.“ Auch ihr Mann stellte sich immer schon gern an den Herd, wenn er Zeit hatte. „Heute ist er es, der im Haus bäckt.“ Sie mag zwar lieber Saures, aber seither findet sie auch an Mehlspeisen Gefallen – nicht nur aus Liebe zu ihrem Mann. Ihre Küche habe sich verändert, sagt sie. Gab es früher viel deftige Hausmannskost, so dominiert schon seit vielen Jahren die leichte Gemüseküche. Ob das auch auf den Einfluss ihrer Töchter zurückzuführen sei? Eva-Maria lacht: „Das haben sie noch von mir.“

FRÜHLING

Bärlauchpesto

Irena Bruckmüller

4 Handvoll Bärlauch
4 Knoblauchzehen
50 g Mandelstifte
1½ EL Salz
Olivenöl (nach Bedarf)
50 g Parmesan
kleine Gläser mit Schraubdeckel

Bärlauch, Knoblauch und Mandeln zerkleinern, Salz zugeben und so viel Olivenöl beifügen, bis eine Paste entsteht. (Das funktioniert am besten in einem Standmixer oder einem großen Mörser.)
Parmesan fein reiben und dazumischen.
Kleine Gläser und Schraubdeckel mit kochendem Wasser ausspülen, trocknen.
Pesto in die Gläser füllen, mit Olivenöl bedecken und im Kühlschrank aufbewahren.

Nährwerte pro EL (15 g)
63 kcal // 2 g Eiweiß // 6 g Fett // 1 g Kohlenhydrate // 1 g Ballaststoffe

Das sagt die Oma

- Das Pesto sollte im Kühlschrank aufbewahrt und innerhalb weniger Wochen konsumiert werden.
- Es schmeckt zu Nudeln, Tomaten, Salat, Zucchini und auch auf einer Scheibe Weißbrot sehr gut.

Gesunder Tipp

- Sauber arbeiten, das Pesto ist – weil es nicht erhitzt wird – leicht verderblich. Sollte es schimmlig werden, den kompletten Glasinhalt wegschütten.
- Nach jeder Entnahme das Pesto wieder mit Olivenöl überschichten, damit es luftdicht bleibt und nicht schimmelt.
- Bärlauch hat dieselben scharfen Inhaltsstoffe wie Knoblauch, die gewisse Wirkungen in der Prävention Herz-Kreislauf-Erkrankungen haben.

Brennnessel-Cremesuppe

Angelika Brandhofer

4 Handvoll junge Brennnesselblätter (nur die Blätter!)
2 große Erdäpfel (mehlig)
½ Zwiebel
1½ Liter Gemüsesuppe
Muskatnuss
Liebstöckl (frisch)
½ Becher Rahm
1 gehäufter EL Stärkemehl
Salz
Pfeffer
Schuss Essig

Brennnesselblätter gut waschen.
Erdäpfel schälen, vierteln. Zwiebel grob schneiden. Beides in der Gemüsesuppe zirka 15 Minuten weichkochen. Brennnesselblätter zugeben, ebenso etwas geriebene Muskatnuss und gehackten Liebstöckl; noch 4 Minuten weiterköcheln.
Erdäpfel und Brennnessel mit einem Sieblöffel aus der Suppe nehmen, mit dem Stabmixer pürieren, dafür eventuell etwas Suppe zugeben.
Rahm mit Stärkemehl gut vermischen und mit einem Schneebesen in die klare Suppe einrühren. Vorsichtig noch eine Minute schwach köcheln, sodass das Rahmgemisch etwas bindet. Brennnessel-Püree einrühren. Suppe mit Salz, Pfeffer und einem Schuss Essig abschmecken.

Nährwerte pro Portion
122 kcal // 5 g Eiweiß // 5 g Fett // 14 g Kohlenhydrate // 2 g Ballaststoffe

DAS SAGT DIE OMA

Die pürierten Erdäpfel und Brennnessel können auch wie Creme-Spinat gegessen werden.

GESUNDER TIPP

- Brennnessel enthalten mehr Eisen als Spinat.
- Brennnessel enthalten so viel Eisen, dass eine Frau mit 35 g Blätter ihren gesamten Tagesbedarf decken kann.

Erdbeer-Rhabarbermarmelade

Gerda Halaschek-Wiener

½ kg Rhabarber, ½ kg Erdbeeren 1 kg Gelierzucker,
1 Bund Zitronenmelisse, 2 Limetten (oder Zitronen)
Gläser mit Schraubdeckel

Rhabarber waschen, schälen und in kleine Stücke schneiden.
Erdbeeren waschen, putzen und vierteln.
Melissenblätter waschen, Limetten filetieren (dazu mit einem scharfen Messer schälen und danach die einzelnen Spalten zwischen den Trennwänden herausschneiden).
Rhabarber und Erdbeeren in einem Topf mit dem Gelierzucker vermischen. Unter Rühren zum Kochen bringen.
Die Masse muss drei Minuten sprudelnd kochen.
Melissenblätter und Limettenfilets untermischen.
Schraubgläser und Deckel mit kochendem Wasser ausspülen, auf ein Geschirrtuch stürzen und abrinnen lassen. Marmelade heiß in die Gläser füllen, verschließen.

Nährwerte pro Portion (25 g)
49 kcal // 0 g Eiweiß // 0 g Fett // 12 g Kohlenhydrate // 0 g Ballaststoffe

Gebackene Hollerstrauben

Maria Heigl

¼ l Milch, 2 Dotter, Salz, 200 g Mehl, evtl. 30 g Zucker,
1 EL Rum, 2 Eiklar, zirka 10 Hollerblüten (mit Stiel),
Fett zum Ausbacken, Staubzucker (zum Bestreuen)

Für den Backteig Milch, Dotter, Salz, Mehl, eventuell Zucker und Rum zu einem flüssigen Teig mixen. Eiklar zu Schnee schlagen und diesen vorsichtig mit einer Teigspachtel unterheben.
Hollerstrauben in den Backteig tauchen und in wenig heißem Fett herausbacken. Abtropfen lassen und mit Zucker bestreut servieren.

Nährwerte pro Portion
527 kcal // 11 g Eiweiß // 27 g Fett // 59 g Kohlenhydrate // 2 g Ballaststoffe

DAS SAGT DIE OMA

Die Marmelade ist zirka ein Jahr – bis zur nächsten Saison – haltbar.

GESUNDER TIPP

- Mit Gelierzucker 1:2 spart man Zucker. Hier reicht ½ kg.
- Rhabarber enthält Oxalsäure, die in großen Mengen giftig ist und bei GichtpatientInnen zu Problemen führen kann. Für Gesunde ist wichtiger, dass er reichlich Vitamin C und Mineralstoffe enthält.

DAS SAGT DIE OMA

- Wenn's im Herbst Äpfel gibt, kann man Apfelradeln ebenfalls in diesem Teig ausbacken. Zu den Apfelradeln schmeckt Backteig mit Wein statt Rum am besten.
- Ich verwende für Backteig immer etwas Alkohol, dann saugt er sich weniger stark mit Fett an.

GESUNDER TIPP

Zum Ausbacken am besten Rapsöl verwenden, nachher gut auf Küchenpapier abtropfen lassen.

Gedünstete Brennnessel- und Löwenzahnblätter

Irena Bruckmüller

250 g Brennnessel- und Löwenzahnblätter, 40 g Butter, ⅛ l Milch, 1 mittelgroße Zwiebel, ½ Bund Petersilie, ½ Becher Sauerrahm, Pfeffer, Salz

Die verlesenen Blätter in wenig Salzwasser blanchieren, anschließend klein schneiden. In einer Pfanne Butter mit Milch vermischen, Zwiebel und gehackte Petersilie hinzufügen, bis alles goldgelb gebraten ist. Dann die blanchierten Brennnessel und Löwenzahn hinzufügen. Mit etwas Wasser aufkochen, anschließend mit Sauerrahm, Pfeffer und Salz verfeinern.

Nährwerte pro Portion

177 kcal // 6 g Eiweiß // 15 g Fett // 6 g Kohlenhydrate // 3 g Ballaststoffe

Das sagt die Oma

Dieses Gericht ist eine gute Beilage zu Fleisch, kann aber auch mit Kartoffeln oder Semmelknödeln eine Hauptspeise sein.

Gesunder Tipp

Löwenzahn ist nicht nur eine schöne Pflanze, sondern bereichert als Wildkraut die Ernährung kulinarisch und gesundheitlich. Enthält reichlich Mineralstoffe und Beta-Karotin.

Frühlingskräuter-Suppe

Gerti Kucher

2 Hand voll gemischte Wildkräuter (z. B. junge Brennnessel, Taubnessel, Gänseblümchen, Veilchenblüten, Fette Henne, Lungenkraut, Spitzwegerich, Schafgarbe), 2 EL Butter (oder Öl), 2–3 EL Vollkornmehl, etwas Gemüsesuppenwürze, Salz, Pfeffer, ⅛ l Obers

Die Kräuter kurz waschen, in zirka 1 Liter kochendes Wasser geben und kurz blanchieren, abseihen und das Kochwasser auffangen.
Fett und Mehl vermischen, erhitzen, durchrösten. Mit dem Kräutersud aufgießen und zirka 10–15 Minuten bei schwacher Hitze zugedeckt köcheln lassen. Die feingeschnittenen Kräuter dazugeben, mit Suppenwürze, Salz und Pfeffer abschmecken.
Mit dem Mixstab fein pürieren, das Obers mit der Schneerute einrühren, nicht mehr kochen lassen.

Nährwerte pro Portion

196 kcal // 3 g Eiweiß // 17 g Fett // 9 g Kohlenhydrate // 2 g Ballaststoffe

Das sagt die Oma

- Es müssen nicht alle Kräuter vorhanden sein, aber je mehr, desto besser.
- Laut Kärntner Brauch sollen es sieben Kräutlein sein.

Gesunder Tipp

Schlagobers ist eine der Zutaten, die in der gesunden Küche eher sparsam vorkommen sollten. Man könnte es durch Rahm ersetzen, um Fett zu sparen, oder man kocht und püriert einen großen mehligen Erdapfel mit, das gibt auch eine sämige Konsistenz.

Holunderblüten- oder Melissensaft

Leopoldine Gindl, aufgezeichnet von Herta Rathmanner

10 Dolden Holunderblüten oder 5 Handvoll Melissenblätter, 4 Zitronen (unbehandelt), 2½ kg Kristallzucker, 100 g Zitronen- oder Weinsteinsäure; Glasflaschen

Holunderblüten bzw. Melissenblätter waschen.
Zitronen ebenfalls waschen, in Scheiben schneiden.
In einem Kunststoffkübel Zucker und Säure mit 3 Liter Wasser übergießen, Zitronenscheiben und Melissenblätter bzw. Holunderblüten zugeben.
3–4 Tage kalt stellen, täglich mit einem sauberen Holz- oder Kunststofflöffel umrühren, bis der gesamte Zucker aufgelöst ist.
Durch ein grobes Leinentuch abseihen und in mit kochendem Wasser ausgespülte Flaschen füllen.

Nährwerte pro Portion (1 Glas 250 ml, 1:6 verdünnt)
74 kcal // 0 g Eiweiß // 0 g Fett // 18 g Kohlenhydrate // 0 g Ballaststoffe

DAS SAGT DIE OMA

- Unbedingt einen Kunststoffkübel oder ein Emailgefäß verwenden! Metallgefäße würden oxidieren.
- Sauber arbeiten, damit der Saft nicht sauer und schimmlig wird, dann ist der Saft zirka ein Jahr haltbar.

GESUNDER TIPP

- Die selbstgemachte Basis für köstliche Limonade – garantiert ohne künstliche Aromen!
- Wenn's vollwertiger sein soll, könnte man Rohzucker statt Kristallzucker verwenden.

Brennnesselspinat mit abgeschmalzten Erdäpfeln und Spiegelei

Ingrid Ebenhöh

1 Weidling junger Brennnesselblätter, 40 g Schmalz, 40 g Mehl, zirka 250 ml Milch (je nach gewünschter Konsistenz), 2 Knoblauchzehen, Salz, 1 kg Erdäpfel, 40 g Schmalz, 4 Eier, 10 g Butter

Brennnessel gut waschen und in reichlich Wasser 3–5 Minuten kochen. Abseihen und durch den Fleischwolf drehen (oder mit dem Mixstab pürieren).
Mit Schmalz und Mehl eine helle Einbrenn bereiten (siehe Grundrezept Seite 32), Brennnessel dazugeben und mit Milch bis zur gewünschten Konsistenz aufgießen, dabei fest rühren. Aufkochen lassen, mit zerdrücktem Knoblauch und Salz abschmecken.
Erdäpfel in Wasser oder im Dämpfeinsatz zugedeckt zirka 30 Minuten kochen, schälen und mit einem Stampfer grob zerkleinern. Abschmalzen (Schmalz erhitzen und Erdäpfel darin hellbraun rösten), salzen.
Spiegeleier in Butter braten.

Nährwerte pro Portion
547 kcal // 20 g Eiweiß // 32 g Fett // 45 g Kohlenhydrate // 9 g Ballaststoffe

DAS SAGT DIE OMA

Ein Löffel Schlagobers verfeinert den Spinat noch.

GESUNDER TIPP

- Rapsöl statt Schmalz verwenden.
- Wenn man eine beschichtete Pfanne nimmt, kann man mit wenig Fett die Erdäpfel hellbraun rösten und die Spiegeleier anbraten.

Gefüllte Bärlauchblätter

Angelika Brandhofer

zirka 40 große Bärlauchblätter
120 g Körndl-Linsen-Mischung (2 Teile Dinkelreis, 1 Teil Buchweizen, 1 Teil rote Linsen, alles roh)
½ Zwiebel
2 Knoblauchzehen
2 EL Olivenöl
200 g Rindsfaschiertes
Petersilie (gehackt)
Salz
Pfeffer
Paprikapulver
½ Liter Gemüse- oder Rindssuppe
Rahm zum Garnieren

Bärlauchblätter waschen, durch heißes Wasser ziehen.
Körndl-Linsenmischung in 200 ml Salzwasser 10–15 Minuten vorkochen. Etwas überkühlen lassen.
Zwiebel fein hacken, Knoblauch zerdrücken. Beides in Olivenöl hellbraun rösten.
Körndl-Linsenmischung, das rohe Faschierte, Zwiebel, Knoblauch, Petersilie, Salz, Pfeffer und Paprikapulver gut vermischen. Aus der Masse 9 kleine Röllchen formen.
2–3 Bärlauchblätter so zusammenlegen, dass eine größere Fläche entsteht. Jeweils ein Röllchen Fülle darin einwickeln.
Die Röllchen eng nebeneinander in einen großen Topf schlichten, mit einem Teller und Gewicht (z. B. einem Steinmörser) beschweren, vorsichtig Suppe angießen. Zirka 30 Minuten zugedeckt mit dem Gewicht bei geringer Hitze köcheln lassen, damit sie nicht zerfallen. Wenn nötig, Suppe nachgießen.
Mit Salzkartoffeln und einem Klecks Rahm servieren.

Nährwerte pro Portion
250 kcal // 19 g Eiweiß // 11 g Fett // 19 g Kohlenhydrate // 3 g Ballaststoffe

Gesunder Tipp

Bärlauch enthält viel Vitamin C und Eisen. Daher wäre es auch aus gesundheitlichen Gründen viel zu schade, ihn nicht zu essen.

Das sagt die Oma

- Mit geraffeltem Wurzelgemüse wird's vegetarisch.
- Statt Bärlauch kann man auch blanchierte Weinblätter oder Frühkraut nehmen.
- Wem die Körndl-Linsenmischung zu aufwändig ist, greift zu Risottoreis.
- Experimentierfreudige nehmen frischen Koriander statt Petersilie und Kreuzkümmel statt Paprika.

Gerda Halaschek-Wiener, Krügling (NÖ)

„Wie ich zum Kochen kam?“ Gerda Halaschek-Wiener lehnt sich in ihrem Gartensessel zurück und denkt kurz nach. „Erst mit 14 Jahren.“ Sie ärgerte sich, dass ihre Schwester sie als „zu blöd zum Nudeln kochen“ bezeichnete, weil sie sich dabei nicht richtig anstellte. Das war damals, am elterlichen Bauernhof im steirischen Krieglach, Peter Roseggers Waldheimat.

Die Motivation war also schon da, als sie die Höhere Lehranstalt für landwirtschaftliche Frauenberufe in Sitzenberg begann. Dort lernte sie das Kochen von der Pike auf. Später dann, als Berufsschullehrerin in Hollenstein und Scheibbs, verfeinerte sich ihre Kochkunst durch die Auseinandersetzung mit ihren Schülerinnen. Wie sie seither koche? Sie lacht: „Nach Gefühl.“ Auch wenn sie neue Gerichte ausprobiert, sind Mengenangaben nur eine grobe Orientierung. Viel entscheidender ist, was eben gerade zu Hause ist.

Überhaupt ist ihr der Saisonkalender wichtig. Im Winter kommt ihr kein Paradeiser ins Essen. Was sie bei ihrer Mutter am Bauernhof sah – „gekocht wurde, was da war“, macht sie heute aus Überzeugung und des Geschmacks wegen. Auch Fertigprodukte sind für sie tabu: „Das schmeckt mir einfach nicht.“ Viel Wert legt sie auf die Qualität, die Zutaten müssen „so frisch wie möglich“ sein.

Ihre Leidenschaft fürs Kochen war nicht immer ungebrochen, gibt sie unumwunden zu. Es gab eine Zeit, da war es einfach „eine notwendige Pflichterfüllung – wegen der Kinder“. Geschätzt wurden ihre Kochkünste aber immer. Ihr Mann Julius hat nie aufgehört, „sich nach dem Essen dafür zu bedanken“.

Anfang der 1980er Jahre ist Gerda auf Vollwertkost umgestiegen. Zum Leidwesen der beiden älteren Kinder, bemerkt sie lächelnd: „Die Armen sind in der Schule bedauert worden, weil sie nur Gesundes mit in die Schule bekamen.“ Doch die bewusste Ernährung prägte auch ihre mittlerweile erwachsenen Kinder. Sie rufen auch immer noch an, wenn sie Rat brauchen. Auch Freunde hat sie damit neugierig gemacht, obwohl deren Vorurteile gegenüber „Körndlfressern“ groß waren. Gerda schmunzelt: „Oft wundern sich meine Gäste nach Essenseinladungen, dass das ja auch schmeckt.“

Kohlrabisoß'

Gerti Kucher

1¼ kg Kohlrabi
1 kleine Zwiebel
50 g Öl
2–3 EL Rohrzucker
2 EL Vollkornmehl
Salz
Pfeffer
Kümmel
1 Spritzer Apfelessig

Kohlrabi schälen (die zarten Blätter aufheben) und in kleine Würfel schneiden.
Zwiebel fein hacken.
Öl erhitzen, Zucker darin hellbraun karamellisieren. Zwiebel und Kohlrabiwürfel zugeben, mit Mehl stauben und durchrösten.
Mit ¼ l Wasser aufgießen, Salz, Pfeffer und Kümmel zugeben. Zugedeckt auf kleiner Flamme einige Minuten bissfest dünsten.
Zum Schluss die fein geschnittenen Blätter dazugeben und mit einem Spritzer Essig abschmecken.

Nährwerte pro Portion
252 kcal // 4 g Eiweiß // 13 g Fett // 29 g Kohlenhydrate // 8 g Ballaststoffe

DAS SAGT DIE OMA

Zur Kohlrabisoß' schmecken Petersilerdäpfel.

GESUNDER TIPP

Kohlrabi ist gekocht und roh ein Fixstarter in der gesunden Ernährung: Er ist enorm reich an Vitaminen und Mineralstoffen.

Spinatstrudel

Gerti Kucher

500 g frischer Spinat
(evtl. tiefgekühlter Blattspinat)
100 g Speck
1 kleine Zwiebel
1–2 Knoblauchzehen
Salz
Pfeffer
Muskatnuss
2 EL Butter
4 Strudelblätter
(siehe Grundrezept Seite 40
oder Fertigprodukt)
200 g Schafkäse (Feta)

Spinat waschen, putzen und kurz blanchieren (in heißes Wasser geben und sofort wieder abgießen).
Speck in kleine Würfel schneiden, in einer Pfanne auslassen, bis das Fett glasig ist, dann den klein geschnittenen Zwiebel dazugeben und ebenfalls glasig anlaufen lassen.
Den blanchierten Spinat gut abtropfen lassen, zu den Speckwürfeln geben, mit gepresstem Knoblauch, Salz, Pfeffer und Muskatnuss würzen und alles kurz durchschwenken. Überkühlen lassen.
Butter zerlassen. 2 Strudelblätter übereinander auf einem feuchten Geschirrtuch ausbreiten, mit einem Backpinsel zerlassene Butter zwischen den Strudelblättern dünn verteilen (so „blättert" der Strudelteig nach dem Backen schön auseinander).
Die halbe Spinatfülle auf den vorderen zwei Dritteln des Teiges verteilen, die Hälfte des würfelig geschnittenen Schafkäses darüberstreuen. Die Ränder rundherum einschlagen, wieder mit Butter bepinseln und den Strudel zum leeren Teigdrittel hin einrollen.
Mit den restlichen Strudelblättern und der Fülle ebenso verfahren.
Beide Strudel auf ein mit Backpapier ausgelegtes Backblech legen, mit Butter bestreichen und im vorgeheizten Rohr bei 170 °C 20–30 Minuten goldgelb backen.

Nährwerte pro Portion

457 kcal // 16 g Eiweiß // 37 g Fett // 17 g Kohlenhydrate // 4 g Ballaststoffe

DAS SAGT DIE OMA

Bei der vegetarischen Variante lässt man den Speck weg und gibt stattdessen Pinienkerne zur Fülle.

GESUNDER TIPP

Strudelteig ist wesentlich gesünder als Blätterteig: Er ist weniger fett und enthält vor allem – im Gegensatz zu vielen fertigen Blätterteigen – kaum Trans-Fettsäuren, die den Cholesterinspiegel besonders stark erhöhen.

Spinat-Tortilla mit Zitronen-Hühnerwürfeln

Anita Gransche-Stabenow

- 500 g frischer Spinat
- 6 Knoblauchzehen
- 1 Pepperoni
- 4 EL Olivenöl
- Salz
- 7 Eier
- 500 g Hühnerbrust
- 2–3 Knoblauchzehen
- 2 EL Olivenöl
- Salz
- Pfeffer
- 1 Schuss Weißwein
- 1 Zitrone (unbehandelt)

Spinat putzen, waschen und in kochendem Wasser zusammenfallen lassen. Durch ein Sieb abgießen und gut abtropfen lassen.
Knoblauch und Pepperoni hacken und in einer großen beschichteten Pfanne in Olivenöl auf kleiner Flamme bräunen. Mit Salz würzen.
Eier in einer Schüssel versprudeln und salzen.
Spinat mit den Händen ausdrücken, hacken, im restlichen Öl wärmen. (Der Spinat sollte relativ trocken sein.) Zur Eimasse geben, umrühren. Nach zirka 2 Minuten zurück in die Pfanne geben, Deckel aufsetzen und bei mittlerer Hitze ziehen lassen. Wenn die Eimasse an der Oberfläche nicht mehr flüssig ist, Pfanne mit Deckel wenden, sodass die Tortilla am Deckel zu liegen kommt. Tortilla vom Deckel vorsichtig zurück in die Pfanne gleiten lassen und fertig garen.
Inzwischen Hühnerbrust würfeln, Knoblauch zerdrücken. Hühnerwürfel in Olivenöl anbraten, mit Knoblauch, Salz und reichlich Pfeffer würzen. In eine Schale geben. Den Bratenrückstand mit Weißwein aufgießen, Zitrone waschen und mit der Schale kleinwürfelig schneiden, zugeben. Mischung über die Hühnerwürfel gießen und ziehen lassen.
Tortilla aus der Pfanne auf einen großen vorgewärmten Teller gleiten lassen und gemeinsam mit den lauwarmen Hühnerwürfeln servieren.

Nährwerte pro Portion

529 kcal // 47 g Eiweiß // 33 g Fett // 8 g Kohlenhydrate // 3 g Ballaststoffe

Gesunder Tipp

- Keine Angst vor den vielen Eiern! Die sind wesentlich gesünder als ihr Ruf, außerdem besonders nährstoffreich, und das Cholesterin, das sie enthalten, ist für Gesunde überhaupt kein Problem.
- Spinat ist zwar nicht so eisenreich wie man lange Zeit angenommen hat, seine hohen Vitamin- und Mineralstoffgehalte rechtfertigen das Prädikat „gesund" aber auf jeden Fall.

Das sagt die Oma

Die Spinat-Tortilla ist nicht ganz leicht in der Zubereitung. Aber die Mühe lohnt sich!

Gerti Kucher, Klagenfurt (Kärnten)

„Drei Tage dauerte das Backen meines ersten Kuchens." Gerti lacht. Da war sie neun. Mit ihrem jüngeren Bruder wollte sie einen Kuchen für den Muttertag machen. Natürlich in geheimer Mission. Damit die Überraschung gelang, mussten sie ihn in Etappen backen. „Da wir am Nachmittag in die Schule mussten, war der Kuchen nie fertig gebacken. Wir holten ihn also immer wieder aus dem Backrohr und versteckten ihn unter dem Bett, um ihn am nächsten Tag weiter zu backen." Ihrer Mutter, erinnert sie sich, hat es trotzdem vorzüglich geschmeckt.

Nach Ende der Schulzeit wäre sie gern Lehrerin oder Kindergärtnerin geworden, aber der Vater entschied anders: „Du wirst Köchin, da hast du wenigstens immer was zu essen." Sie war dann überrascht, dass ihr die Lehrzeit und der Beruf trotzdem gefielen. „Ich entdeckte plötzlich meine Leidenschaft fürs Kochen." Den Beruf gab Gerti mit der Geburt des ersten Kindes auf, für die Familie kochte sie aber weiterhin mit Begeisterung. „Sowohl Kinder als auch das Enkelkind lassen sich auch heute noch gern bekochen", freut sie sich.

Ende der 1980er Jahre stellte sie aus gesundheitlichen Gründen ihre Ernährung vollkommen um. Seither beschäftigt sie sich intensiv mit vegetarischer Ernährung und Vollwertküche. Gute Qualität ist ihr wichtig. „Ich koche gern mit Produkten aus der Region, die ich am Markt finde. Bei einem Bauern kaufe ich bereits seit vierzig Jahren." Getreideprodukte bezieht sie aus dem Kloster Wernberg, in dem ausschließlich biologisch produziert wird.

Fertigprodukte hat sie zwar auch kennen gelernt, „vor allem durch meine Kinder". Doch lächelnd fügt sie hinzu, dass sie die von ihrem eigenen Speiseplan schon lange gestrichen hat. Wenn sie kocht, dann schätzt sie die frische Zubereitung, und die ist bei ihr Gefühlssache. „Auf Mengenangaben verlasse ich mich nur beim Backen oder wenn ich etwas zum ersten Mal probiere."

Einem Trend steht sie sehr skeptisch gegenüber: Dass dem Kochen und dem Ritual der gemeinsamen Mahlzeiten in der Familie immer weniger Zeit und Bedeutung zukommt. „Geht Liebe denn nicht auch durch den Magen?", fragt sie mit einem Lächeln. Die Antwort darauf hat sie schon längst gegeben – mit neun Jahren.

Štruklji mit Bertram und Topfen

Irena Bruckmüller

Germteig
20 g Germ
50 g Zucker
⅛ l bis ¼ l Milch (nach Bedarf)
2 Eier
½ kg Mehl
50 g Butter
Prise Salz

Fülle
1 Ei
100 g Butter
100 g Zucker
½ kg Topfen
4 EL frischen Bertram
Mark von 1 Vanilleschote

Germ zerbröseln, Zucker dazu geben, mit etwas Milch aufgießen, das Dampfl warm stellen.

Eier trennen, Eiweiß für die Fülle beiseite stellen. Dotter mit Milch versprudeln, dem Mehl zugießen, das Dampfl dazu mischen, die weiche Butter und Salz dazugeben und zu einem weichen Teig verarbeiten.

Im auf 50 °C vorgewärmten Backrohr mit einem Geschirrtuch zugedeckt 45 Minuten gehen lassen.

Für die Fülle Ei trennen. Weiche Butter, Dotter und Zucker schaumig rühren, mit dem Topfen vermischen. Die drei Eiweiß zu Schnee schlagen und unter die Masse heben. Bertram sehr fein hacken (fast zu einer Paste) und hinzufügen. Etwas Vanille verfeinert den Geschmack.

Teig fein ausrollen, mit der Fülle bestreichen und einrollen, noch einmal mindestens eine halbe Stunde gehen lassen. Auf ein mit Backpapier ausgelegtes Backblech legen und im vorgeheizten Backrohr bei maximal 170 °C 50 Minuten backen. Stichprobe machen!

Nährwerte pro Portion

801 kcal // 22 g Eiweiß // 40 g Fett // 87 g Kohlenhydrate // 3 g Ballaststoffe

Gesunder Tipp

- Für den Germteig kann man Vollkornmehl verwenden – zumindest zur Hälfte.
- Bei der Fülle kann man die Hälfte der Butter und ein Drittel Zucker sparen und Rohzucker nehmen.

Das sagt die Oma

- „Štruklji" sind gefüllte Teigrollen, die in Slowenien weit verbreitet sind und die es gekocht oder gebacken, süß oder salzig, gefüllt mit Topfen, Nüssen, Grammeln oder Kräutern gibt.
- Bertram ist ein sehr altes Gewürzkraut und Heilmittel. Ihn gibt es in manchen Bioläden, er wächst aber auch gut im eigenen Garten. Der Geschmack ist sehr intensiv und eigen.

SOMMER

Abgebrannter Kopfsalat

Theresia Salzmann

100 g Speck, 1 großes Häuptel Kopfsalat, Essig, Zucker, Salz, 2 EL Öl

Speck kleinwürfelig schneiden, in einer Pfanne auslassen.
Salat putzen, waschen und zerkleinern.
Aus Essig, Wasser, Zucker, Salz und Öl eine Marinade bereiten, Salat damit vermischen.
Unmittelbar vor dem Servieren den Salat mit den heißen Speckwürfeln übergießen.

Nährwerte pro Portion

254 kcal // 3 g Eiweiß // 26 g Fett // 4 g Kohlenhydrate // 1 g Ballaststoffe

DAS SAGT DIE OMA

- Mit hartgekochten Eiern serviert ist das bei uns ein Abendessen.
- Den abgebrannten Salat kann man auch im Herbst und Winter mit Endiviensalat machen.

Abgeschmalztes Gemüse

Gerda Halaschek-Wiener

¾ kg Sommergemüse nach Verfügbarkeit und Geschmack (z. B. Fisolen, Karfiol), 70 g Semmelbrösel, 60 g Butter, Schmalz oder Öl, Salz, 1 Knoblauchzehe (zerdrückt)

Gemüse waschen, putzen und in mundgerechte Stücke teilen/schneiden. In wenig Salzwasser bissfest kochen, abseihen.
Brösel „abschmalzen“: Dafür die Brösel in einer Pfanne trocken, also ohne Fettzugabe, goldgelb rösten. Fett zugeben und mit Salz und zerdrücktem Knoblauch würzen.
Gemüse in der Bröselmischung wälzen.

Nährwerte pro Portion

221 kcal // 7 g Eiweiß // 13 g Fett // 19 g Kohlenhydrate // 7 g Ballaststoffe

DAS SAGT DIE OMA

Besonders gut eignen sich Fisolen und Karfiol für dieses Gericht.

Herta Rathmanner:
Auf diese Art schmeckt auch (weißer) Spargel köstlich.

GESUNDER TIPP

- Wenn man das Gemüse nicht in Wasser kocht und dann abseiht, sondern das Wasser verdampfen lässt, bleiben die Mineralstoffe alle erhalten. Noch besser ist, das Gemüse im Dämpfeinsatz zu garen.
- Rapsöl statt Butter und Vollkorn- statt Semmelbrösel machen dieses Gericht durch die bessere Fettsäurezusammensetzung und mehr Ballast- und Mineralstoffe noch gesünder.

Bohschoarln mit Erdäpfeln

Gisela Rathmanner

3 mittelgroße Erdäpfel (speckig), ¾ kg frische Bohschoarln, 2 EL Öl, 2 EL Mehl (glatt), 1 Knoblauchzehe, 3 EL Petersilie (gehackt)

Erdäpfel schälen und kleinwürfelig schneiden.
Fisolen waschen und in 2 cm große Stücke schneiden.
Beides gemeinsam in wenig Salzwasser 15–20 Minuten zugedeckt dünsten.
Aus Öl und Mehl eine helle Einbrenn bereiten (siehe Grundrezept Seite 32), Knoblauch und Petersilie zugeben, kurz mitrösten.
Gemüse mit Kochwasser zur Einbrenn gießen, gut verrühren.

Nährwerte pro Portion

156 kcal // 6 g Eiweiß // 6 g Fett // 20 g Kohlenhydrate // 7 g Ballaststoffe

DAS SAGT DIE OMA

Eine einfache, schnelle Mahlzeit: Die Beilagen-Erdäpfel sind hier schon drin!

GESUNDER TIPP

Bohschoarln, also Fisolen, sind reich an Folsäure, einem B-Vitamin, das zu den „Problem-Vitaminen" gehört, weil wir alle zu wenig davon aufnehmen.

Dicke Bohnen

Gisela Rathmanner

1 kg frische, weiße Bohnen (Alternative: ½ kg getrocknete oder 2 Dosen), 2 EL Öl, 2 EL Mehl (glatt), 1 Knoblauchzehe, Salz, Pfeffer, 1 EL Essig

Frische Bohnen mit Wasser bedecken und zugedeckt zirka 30 Minuten kochen. Kochwasser auffangen.
Getrocknete Bohnen in einem Sieb waschen, über Nacht einweichen und im Einweichwasser ohne Salz zugedeckt zirka 45–60 Minuten kochen. (Schneller geht's im Druckkochtopf.) Beim Abseihen das Kochwasser auffangen.
Dosenbohnen in einem Sieb abseihen, waschen.
Aus Öl und Mehl eine helle Einbrenn bereiten (siehe Grundrezept Seite 32), zerdrückten Knoblauch kurz mitrösten. Mit einem Schuss Kochwasser unter kräftigem Rühren aufgießen. Einbrenn zu den abgetropften Bohnen geben, gut durchmischen. Je nach gewünschter Konsistenz noch Kochwasser nachgießen. Würzen und mit Essig abschmecken.

Nährwerte pro Portion

401 kcal // 28 g Eiweiß // 7 g Fett // 56 g Kohlenhydrate // 22 g Ballaststoffe

DAS SAGT DIE OMA

- Dazu passen Semmelknödel (siehe Seite 59).
- Ähnlich kocht man übrigens Linsen: Mit einem Lorbeerblatt kochen, eine Einbrenn mit Zwiebel, eventuell ein bisschen geschnittenen Speck dazu, zum Schluss mit etwas Rahm verfeinern.

GESUNDER TIPP

Das Kochwasser der Bohnen nicht wegschütten, sondern wegen der Mineralstoffe zum Aufgießen verwenden.

Dillsoße

Leopoldine Gindl, aufgezeichnet von Herta Rathmanner

4 EL Butter oder Rapsöl, 4 EL Mehl (glatt), Gemüsesuppe zum Aufgießen (zirka 200 ml), 2 EL Dillkraut, evtl. Sauerrahm, 1 EL Essig

Aus Butter/Öl und Mehl eine helle Einbrenn bereiten (siehe Grundrezept Seite 32), unter kräftigem Rühren mit Suppe zur gewünschten Konsistenz aufgießen. Dillkraut hacken. Erst unmittelbar vor dem Anrichten zugeben und noch einmal kurz aufkochen lassen. Eventuell mit Rahm verfeinern und mit einem Schuss Essig abschmecken.

Nährwerte pro Portion

137 kcal // 2 g Eiweiß // 11 g Fett // 8 g Kohlenhydrate // 1 g Ballaststoffe

Eierschwammerl mit Milch und Kartoffeln

Irena Bruckmüller

1 kg Kartoffel, 1 kg Eierschwammerl, 1 l Milch, Salz, Pfeffer

Kartoffeln schälen und in kleine Würfel schneiden. Eierschwammerl putzen und ebenfalls schneiden. Gemeinsam in der Milch je nach Größe 25–30 Minuten offen weich kochen. Mit Salz und Pfeffer würzen. (Ein Teil der Milch verdampft beim Kochen, die Konsistenz ist zum Schluss breiig.)

Nährwerte pro Portion

370 kcal // 17 g Eiweiß // 11 g Fett // 49 g Kohlenhydrate // 20 g Ballaststoffe

Das sagt die Oma

Dazu passen am besten Semmel- oder Serviettenknödel.

Gesunder Tipp

Besser schmeckt die Soße mit Butter, gesünder ist sie mit Rapsöl. Als Kompromiss bietet sich Halbe-Halbe an.

Das sagt die Oma

- Diese Beilage passt sehr gut zu gekochtem Rindfleisch.
- Man kann es aber auch als eigenständiges Gericht essen. Schmeckt auch mit Brot.

Gesunder Tipp

- Man könnte zum Fettsparen Halbfettmilch verwenden.
- Eierschwammerl enthalten wertvolles Eiweiß, jede Menge Ballast- und Mineralstoffe. Wild gesammelte können mit Schwermetallen belastet sein, deshalb sollte man nur höchstens ein Viertelkilo pro Woche essen.

Gisela Rathmanner, Draßmarkt (Bgld)

Wenn jemand von ihr hören will, dass sie sich freue in der Küche zu stehen, dann müsste Gisela lügen. „Aus Liebe zu Menschen, die ich mag, koche ich gern, aber einen Hang zum Kochen hatte ich nie." Es war vielmehr eine Notwendigkeit. Daher waren ihre Kochkünste vor ihrer Heirat auch sehr bescheiden.

Nach dem Schulabschluss arbeitete sie in einer Bäckerei. „Die Chefin schaffte mir abseits der Backstube auch andere Sachen an, z.B. Erdäpfel zustellen. So habe ich nach ihrer Anleitung ein paar Kochvorgänge gelernt." Sie lacht. Davor nämlich war es ihr ein Rätsel, wie die Marmelade in die Biskuitroulade kommt. Gisela erinnert sich mit einem Schmunzeln, als sie einmal Palatschinken machen sollte. „Natürlich wollte ich sie auch schupfen, wie ich es immer gesehen hatte. Man kann sich vorstellen, was passierte. Seither nehme ich dazu einen Wender."

Nach ihrer Heirat wusste sie: „Wenn man etwas will, dann kann man es auch erreichen." Oft fragte sie ihre Nachbarin, eine Wirtin, um Tipps, z.B. wie man einen Feldhasen zubereitet, oder einen Lungenbraten. Auch von ihrer älteren Schwester Milli holte sie sich viele Ratschläge. Die Zeit war damals eine andere: „Es gab nicht alles im Überfluss, und die Auswahl an Zutaten war beschränkt."
In ihrem Forsthaus hatten Gisela und ihr Mann einen großen Garten. Auch Schweine, die damals noch zur Gänze verwertet wurden. „Da wir jeden Herbst mit dem Schweinemist den Garten düngten, hatten wir schönes, großes Gemüse." Einen Gemüsegarten hat sie bis heute, denn das Gemüse, das man heute das ganze Jahr bekommt, schmeckt ihr nicht besonders. „Einen Paradeiser aus dem Supermarkt bekomme ich ledig nicht runter."

Im Laufe der Jahre hat sie viele Rezepte gesammelt, die ihrer Meinung nach aber nur eine Orientierung geben können. „Denn jede Hand kocht anders. Fleckerlgerichte z.B. schmecken anders, wenn man den Teig unterschiedlich fein schneidet."
In einem eigenen Kochbuch verwahrt sie die Rezepte auf. „Das Meiste hab ich aber noch im Kopf." Sie lacht. „Auch, wie die Marmelade in die Biskuitroulade kommt."

Eingelegte Kirschen

Gisela Rathmanner

Kirschen, evtl. Essig, Wasser, Zucker, saubere Gläser mit Schraubdeckel

Schraubgläser und -deckel mit kochendem Wasser auswaschen.
Kirschen gut, eventuell mit Essigwasser, waschen. In die Gläser füllen. Wasser nach Geschmack zuckern, Kirschen damit überschichten.
Schraubgläser im Dunsthäfen oder im Wasserbad bei 70–75 °C je nach Größe zirka 20 Minuten pasteurisieren (siehe Anleitung Seite 21).

Nährwerte pro Portion (150 g)
120 kcal // 1 g Eiweiß // 0 g Fett // 26 g Kohlenhydrate // 1 g Ballaststoffe

DAS SAGT DIE OMA

- Auf diese Weise kann man auch Zwetschken, Birnen oder anderes Obst einkochen.
- Das Kompott passt zu vielen Süßspeisen oder schmeckt auch als Nachspeise im Winter, wenn es kaum regionales Obst gibt.

GESUNDER TIPP

Kirschen sind mineralstoffreich und enthalten – vor allem roh – auch reichlich Folsäure, von der wir alle zu wenig aufnehmen.

Eingelegte Kräuter-Zucchini

Irena Bruckmüller

1 kg Zucchini, Salz zum Bestreuen, Öl zum Braten, Oregano, Petersilie, 5 Knoblauchzehen, 1 TL Salz, 1/16 l Weinessig, 1/4 l Olivenöl, saubere Gläser mit Schraubdeckel

Zucchini waschen und putzen. In halbzentimeter dicke Scheiben schneiden, mit Salz bestreuen. In einer beschichteten Pfanne portionsweise in Öl scharf anbraten, auf Küchenpapier abtropfen lassen.
Kräuter fein hacken, Knoblauch zerdrücken, vermischen und Salz hinzufügen. Essig und Öl zugeben. Zucchinischeiben in diese Marinade einlegen.
Zucchini-Mischung in die Gläser füllen und 24 Stunden ziehen lassen. Dann kann man die Zucchini sofort essen oder aufbewahren.

Nährwerte pro Portion (50 g)
114 kcal // 1 g Eiweiß // 12 g Fett // 1 g Kohlenhydrate // 0 g Ballaststoffe

DAS SAGT DIE OMA

- Zum Konservieren mache ich folgendes: Die Gläser bei 100 °C zirka 20 Minuten ins Backrohr stellen. Probieren, ob der Deckel noch nachgibt. Wenn nicht, ist ein Vakuum entstanden, das die Haltbarkeit verlängert. So sind die Zucchini dann einige Monate haltbar.
- Sie schmecken als Beilage zu sämtlichen mediterranen Speisen, Halloumi (Grillkäse) und gegrilltem Fleisch.

GESUNDER TIPP

Das „Allerweltsgemüse" Zucchini ist ein junges: In Europa baut man es erst seit dem 20. Jahrhundert an. Als gesund gilt es zu Recht, weil es vitamin- und mineralstoffreich ist.

Eingelegter Paprika, gefüllt mit Kraut

Gisela Rathmanner

Kraut
Salz
Kümmel (ganz)
Pfefferkörner
Paprika (grün, gelb und rot)
1 l Essig
¼ l Wasser
16 TL Zucker
2 TL Salz
einige Pfefferkörner
saubere Gläser mit Schraubdeckel

Schraubgläser und -deckel mit kochendem Wasser auswaschen.
Kraut fein hobeln, mit Salz, Kümmel und Pfefferkörnern vermischen.
Paprika waschen. Von den Schoten die Deckel abschneiden und aushöhlen. Kraut ausdrücken und die Paprikaschoten damit füllen. Gefüllte Paprika in Schraubgläser schlichten.
Essig mit Wasser, Zucker, Salz und Pfeffer abschmecken. Die Paprikaschoten mit dieser Mischung überdecken. Gläser verschließen.

Nährwerte pro 100 g

25 kcal // 1 g Eiweiß // 0 g Fett // 4 g Kohlenhydrate // 1 g Ballaststoffe

GESUNDER TIPP

So kommt man auch im salatarmen Winter zu „Rohkost". Eine perfekte gesunde Ergänzung für die kalte Jause.

DAS SAGT DIE OMA

- Ich habe die eingelegten Paprika nie pasteurisiert, sie waren trotzdem immer gut und zirka ein Jahr haltbar. Man muss allerdings sehr sauber arbeiten. Man kann sie aber auch sicherheitshalber pasteurisieren.
- Wir haben dieses eingelegte Gemüse immer beim Sau-Abstechen zum Speck gegessen.

Essiggurkerl

Gisela Rathmanner

Kleine Einlegegurkerl, 1 l Essig, 16 TL Zucker, 2 TL Salz, 1 kleines Lorbeerblatt, 4–5 Wacholderbeeren, einige Senfkörner, einige Pfefferkörner, saubere Gläser mit Schraubdeckel

Schraubgläser und -deckel mit kochendem Wasser auswaschen.
Gurkerl sehr gut waschen und in die Gläser füllen.
Essig, ¼ Liter Wasser, Zucker und die Gewürze mischen nach Belieben eventuell mit mehr Zucker abschmecken. Gurkerl mit dem Gewürzessig bedecken. Deckel aufschrauben.
Schraubgläser im Dunsthäfen oder im Wasserbad bei 70–75 °C je nach Größe zirka 20 Minuten pasteurisieren (siehe Anleitung Seite 21).

Nährwerte pro 100 g

21 kcal // 0 g Eiweiß // 0 g Fett // 3 g Kohlenhydrate // 0 g Ballaststoffe

DAS SAGT DIE OMA

Die Essiggurkerl sind zirka ein Jahr haltbar.

Fisolengulasch

Eva-Maria Micko

800 g Fisolen, 2 Zwiebeln, 1 Knoblauchzehe, 50 g Speck, 1 TL Paprikapulver, evtl. 1 EL Essig, ½ l Gemüsesuppe, 1 EL Mehl, ⅛ l Sauerrahm, 1 EL Tomatenmark, Salz

Fisolen waschen, putzen und in 2 cm lange Stücke schneiden.
Kleingehackten Zwiebel und Knoblauch im würfelig geschnittenen Speck anlaufen lassen. Paprikapulver zugeben, kurz mitrösten, eventuell mit Essig ablöschen.
Mit Gemüsesuppe aufgießen, Fisolenstücke zugeben, zugedeckt weichkochen.
Mehl mit Sauerrahm und Tomatenmark versprudeln, einrühren.
Mit Salz abschmecken.

Nährwerte pro Portion

224 kcal // 8 g Eiweiß // 15 g Fett // 14 g Kohlenhydrate // 7 g Ballaststoffe

DAS SAGT DIE OMA

- Dazu passen gut Salzerdäpfel.
- Kleingeschnittene Debreziner machen das Gulasch besonders g'schmackig.

GESUNDER TIPP

Statt Speck könnte man zum Anrösten 1 EL Rapsöl verwenden.

Fisolen in Tomatensoße

Irena Bruckmüller

500 g Fisolen
Bohnenkraut
1 Zwiebel
2 Knoblauchzehen
2 EL Butter
250 g Tomaten (geschält)
Salz
Pfeffer
Oregano

Fisolen waschen, putzen, dritteln und in Salzwasser zugedeckt mit dem Bohnenkraut je nach Dicke der Fisolen zirka 20 Minuten bissfest kochen und abseihen. Zwiebel und Knoblauch fein hacken, in einer Pfanne in Butter goldgelb weichdünsten. Geschälte, zerdrückte Tomaten hinzufügen und erhitzen, Fisolen ebenfalls zugeben, noch einige Minuten gemeinsam weiterdünsten. Mit Salz, Pfeffer und gehacktem Oregano abschmecken.

Nährwerte pro Portion

93 kcal // 4 g Eiweiß // 5 g Fett // 7 g Kohlenhydrate // 5 g Ballaststoffe

DAS SAGT DIE OMA

Das Fisolengemüse schmeckt zu faschierten Laibchen ebenso wie als Hauptspeise mit Erdäpfeln oder Polenta.

GESUNDER TIPP

Fisolen statt kochen lieber in ganz wenig Wasser dünsten, das verhindert, dass Vitamine und Mineralstoffe ausgeschwemmt und weggeschüttet werden.

Gefüllte Paprika mit Tomatensoße

Eva-Maria Micko

5 EL Öl
1 kleine Zwiebel
1 gestrichener EL Zucker
40 g Mehl
1 kg Tomaten
Zucker
Salz
8 Paprika
(wenn sehr groß, weniger)
1 kleine Zwiebel
1 EL Rapsöl
300 g Faschiertes (Rind)
250 g Reis (gekocht)
Salz
Majoran
Petersilie (gehackt)

In 3 EL Öl kleingehackten Zwiebel und Zucker leicht bräunen. Geviertelte, gewaschene Tomaten dazugeben und dünsten. Aus 2 EL Öl und Mehl eine Einbrenn bereiten (siehe Grundrezept Seite 32). Tomaten mit der flotten Lotte oder mit dem Mixstab passieren und dazugeben, gut verrühren. Mit Zucker und Salz abschmecken.
Von den Paprika Deckel abschneiden, aushöhlen, auswaschen. Kleingeschnittene Zwiebel in Öl anlaufen lassen. Faschiertes kurz mitrösten und den vorgekochten Reis dazugeben. Mit Salz, Majoran, gehackter Petersilie würzen. Paprika mit der Mischung füllen. Deckel daraufsetzen (evtl. mit Zahnstocher befestigen) und in einen Topf stellen. Mit fertiger Tomatensauce übergießen und kurz zugedeckt mitdünsten.

Nährwerte pro Portion

572 kcal // 25 g Eiweiß // 32 g Fett // 46 g Kohlenhydrate // 15 g Ballaststoffe

Das sagt die Oma

- Gefüllte Paprika habe ich als Kind schon gern gegessen, meine böhmische Großmutter war eine hervorragende Köchin und das eines ihrer Standardgerichte.
- Ich blanchiere die Paprika kurz in kochendem Wasser, sonst bleiben sie sehr knackig.

Pauline Lutz
- Ich gare die gefüllten Paprika in einer feuerfesten Form im Rohr bei 180 °C (20 Minuten ohne, danach noch 15 Minuten mit Paradeissoße).
- Wir essen dazu gekochte Erdäpfel.

Gesunder Tipp

Für vegetarische gefüllte Paprika gekochten Grünkern (Dinkelreis, Hirse) statt der Faschiertes-Reis-Mischung nehmen und eventuell mit Kräutern und Gewürzen experimentieren.

Gefüllte Zucchini

Gerti Kucher

4–5 kleinere Zucchini (zirka 1–1¼ kg), 1 kg mehlige Erdäpfel, 10 cm langes Stück Porree, 1 EL Butter, 1 Ei, Salz, Pfeffer, Oregano, 1 TL Ingwer (gerieben), Öl für die Form, ¼ l Wasser oder Gemüsesuppe

Zucchini waschen, der Länge nach halbieren, mit einem Teelöffel etwas Fruchtfleisch herausschaben.
Erdäpfel in Wasser oder im Dämpfeinsatz zugedeckt je nach Größe zirka 30 Minuten kochen, heiß schälen und durch die Erdäpfelpresse drücken.
Porree fein schneiden, in Butter glasig anlaufen lassen. Zu den Erdäpfeln geben, ebenso Ei, Gewürze und Zucchini-Fruchtfleisch, alles durchmischen.
Die Masse in die Zucchinihälften füllen und diese in eine mit Öl ausgestrichene Form setzen. Mit etwas Wasser oder Suppe untergießen, evtl. übrig gebliebenes Fruchtfleisch dazu geben.
Bei 170–175 °C im vorgeheizten Backrohr 25–30 Minuten überbacken (bei Umluft ohne vorzuheizen). Bei Bedarf zwischendurch noch etwas Flüssigkeit nachgießen.

Nährwerte pro Portion
286 kcal // 12 g Eiweiß // 7 g Fett // 43 g Kohlenhydrate // 9 g Ballaststoffe

DAS SAGT DIE OMA

Dieses Rezept ist eine Eigenkreation, da ich fleischlose Küche bevorzuge. Ich esse gerne gefüllte Zucchini, die herkömmlichen Rezepte werden aber immer mit Fleisch gemacht.

Getrocknete Steinpilze

Theresia Salzmann

Steinpilze, Schraubgläser mit Deckel

Schwammerl putzen, feinblättrig schneiden, auf Backpapier auflegen und in einem kühlen Raum (nicht an der Sonne!) zirka 14 Tage trocknen.
In Schraubgläser füllen.

Nährwerte pro 100 g
149 kcal // 27 g Eiweiß // 3 g Fett // 4 g Kohlenhydrate // 52 g Ballaststoffe

DAS SAGT DIE OMA

Die getrockneten Schwammerl kann man dann im Winter gut für Suppen oder als Würze verwenden.

GESUNDER TIPP

Für Steinpilze gilt, wie für alle Wildpilze: Sie binden Schwermetalle und sind deshalb oft belastet. Umgekehrt sind sie aber eiweiß-, ballaststoff- und mineralstoffreich.

Irena Bruckmüller, Wien

Die Vorliebe fürs Mediterrane kommt von ihrem Vater. „Er mochte keine Einbrenn, das galt auch für zerkochte Nudeln oder Reis. Das hat er an uns weitergegeben." Daher bevorzugt Irena „al dente" und kocht ausnahmslos ohne Einbrenn. Veränderungen in ihrer Küche gab es aber dennoch. „Heute koche ich viel weniger Fleisch als früher. Es gibt mehr Salat, Gemüse und Fisch." Dabei greift die gebürtige Slowenin „soweit es geht" immer zu Bio-Produkten. „Besonders beim Gemüse, da ist es Pflicht." Das Gemüsekisterl vom Bio-Bauern kommt jede Woche.

Das vielfältige Angebot von Fertiggerichten überrascht sie immer wieder, in ihrem Einkaufskorb finden sie sich aber nicht. „Sie sind weniger gesund, allein schon wegen der Inhaltsstoffe." Wobei sie es als Segen empfindet, heutzutage alles kaufen zu können, was man will. „Nach dem Krieg war das ja nicht so einfach." Die Küche ihrer Heimat ist eigentlich eine Bauernküche. Kostengünstig, deftig, nicht besonders gesund. „Nur im Küstengebiet ist sie anders, da merkt man den italienischen Einfluss."

Kochen bereitet Irena das gleiche Vergnügen wie ihrer Großmutter, „die eine phantastische Köchin war", im Gegensatz zu ihrer Mutter, die nicht gern am Herd stand. „Sie hat zwar leidenschaftlich Rezepte gesammelt und Menüs zusammengestellt, aber kochen durften dann wir Töchter." Daher lernte sie in der Küche mehr von ihrem Vater. „Der kochte immer am Sonntag. Er war Jurist und Wissenschaftler, dementsprechend akribisch war er dabei." Sie lacht. „Meine Schwester und ich waren dann immer abwechselnd seine Assistentinnen."

Die österreichische Küche schätzt sie, mit Ausnahme von zu stark gepökelten Wurstwaren. „Ich bevorzuge da z. B. die Krainerwurst aus Slowenien, die hat weniger Beigeschmack als die österreichische." Doch ob italienisch, österreichisch oder slowenisch, erklärt sie mit einem Lächeln, „es ist ganz einfach mit meinen Vorlieben: Ich mag alles, was gut zubereitet ist."

Gemüse-Schwammerlrisotto

Angelika Brandhofer

150 g Schwammerl (Steinpilze, Eierschwammerl, Rotkappen – je nach Verfügbarkeit)
1 Zwiebel
2–3 Knoblauchzehen
2 Zucchini
2–3 Paradeiser
1 EL Olivenöl
250 g Risottoreis
gut 1 Liter Gemüsesuppe (aus Pulver)
1 Handvoll Petersilie (gehackt)
50 g Camembert
Salz
Pfeffer

Schwammerl putzen und grob schneiden. Zwiebel und Knoblauch separat hacken. Zucchini und Paradeiser in kleine Würfel schneiden.

Zwiebel und Schwammerl in einem großen Topf in Olivenöl anlaufen lassen. Reis zugeben und kurz mitrösten.

Mit so viel heißer Gemüsesuppe aufgießen, dass der Reis gerade bedeckt ist. Risotto bei schwacher Hitze unter ständigem Rühren und portionsweiser Zugabe von Suppe al dente kochen (zirka 20 Minuten).

Gegen Ende der Kochzeit geschnittene Zucchini, Paradeiser und Knoblauch zugeben.

Zum Schluss die gehackte Petersilie und den in Würfel geschnittenen Camembert unterrühren, Käse schmelzen lassen.

Mit Salz und Pfeffer abschmecken.

Nährwerte pro Portion

336 kcal // 11 g Eiweiß // 9 g Fett // 54 g Kohlenhydrate // 4 g Ballaststoffe

Gesunder Tipp

Schwammerl sind schwer verdaulich. Man sollte sie auf jeden Fall besser nicht mit Alkohol kombinieren.

Das sagt die Oma

- Ich sammle die Schwammerl für diesen Risotto am liebsten selbst.
- Verwendet man viel Gemüse, das auch Wasser lässt, braucht man eventuell weniger Suppe.

Gurkensoße aus frischen Gurken

Leopolaine Gindl, aufgezeichnet von Herta Rathmanner

2 kleine Gurken
3 EL Butter oder Rapsöl
3 EL Mehl (glatt)
zirka 200 ml Gemüsesuppe
Salz
Pfeffer
1 EL Essig
2 EL Sauerrahm
frischer Dill

Gurken schälen, Kerne mit einem Teelöffel herausschaben, blättrig schneiden. In Butter/Rapsöl bissfest dünsten. Mit Mehl stauben und mit Suppe aufgießen, fest rühren. Noch einmal aufkochen, vom Herd nehmen, mit Salz, Pfeffer und Essig abschmecken.
Mit Rahm und gehacktem Dillkraut verfeinern.

Nährwerte pro Portion

115 kcal // 2 g Eiweiß // 9 g Fett // 7 g Kohlenhydrate // 1 g Ballaststoffe

Gesunder Tipp

Statt Butter ist Rapsöl die gesündere Fett-Alternative. Stauben kann man auch mit Vollkornmehl.

Das sagt die Oma

- Dazu passen Semmel-/Serviettenknödel oder auch gekochte Erdäpfel.
- Diese Gurkensoße kann man außerhalb der Gurkenzeit auch mit 150 g Essiggurkerl zubereiten. In diesem Fall schwitzt man ganz zu Beginn eine fein gehackte Zwiebel an.
- Auch gekochtes Rindfleisch oder gebratene Knacker passen gut dazu.

Hirse-Gemüseauflauf

Gerti Kucher

200 g Hirse, Salz, 250 g gemischtes Sommergemüse (Erbsen, Karotten, Mais, Porree, Fisolen, Kohlrabi), 3 Eier, 50 g Butter, 200 g Magertopfen, Salz, Pfeffer, Muskatnuss, Butter für die Form

Hirse in 400 ml Salzwasser bei kleiner Hitze zugedeckt 20 Minuten kochen, bis die Hirse das Wasser vollständig aufgenommen hat; überkühlen lassen. Gemüse kleinschneiden, harte Gemüsesorten evtl. kurz blanchieren. Eier trennen, aus den Eiklar steifen Schnee schlagen. Weiche Butter mit Topfen und Eidotter schaumig rühren, mit der Hirse mischen, mit Salz, Pfeffer und geriebener Muskatnuss würzen und den Schnee unterheben.
Halbe Masse in eine gebutterte Auflaufform füllen und glattstreichen, das kleingeschnittene Gemüse darauf verteilen. Die restliche Masse drüber geben, glattstreichen und eventuell Butterflocken drauf setzen.
Im vorgeheizten Rohr bei 170 °C Grad 45–60 Minuten backen.

Nährwerte pro Portion

406 kcal // 19 g Eiweiß // 19 g Fett // 40 g Kohlenhydrate // 4 g Ballaststoffe

DAS SAGT DIE OMA

- Man kann auf dem Gemüse auch noch geriebenen Parmesan verteilen.
- Wer's gerne herzhafter mag, kann Bauerntopfen verwenden.

Kalte Gemüsesuppe (Gazpacho)

Anita Gransche-Stabenow

1 große Salatgurke, 2 rote Paprika, 6 reife Tomaten, 1 Chilischote (frisch), mindestens 4 Knoblauchzehen, 3 EL Olivenöl, Salz, 4 Scheiben Weißbrot, 2 Knoblauchzehen, 1 EL Olivenöl

Gemüse waschen und putzen, die Tomaten von den Stielansätzen befreien. Wenn man Bio-Gemüse verwendet, Gurke und Tomaten nicht schälen.
Gemüse grob schneiden und gemeinsam mit gehackter Chili und gehacktem Knoblauch im Standmixer oder mit dem Pürierstab zerkleinern (ohne Wasserzugabe).
Olivenöl zugeben, salzen.
Suppe mindestens eine Stunde kalt stellen und ziehen lassen.
Weißbrot würfeln und gemeinsam mit Knoblauch in Olivenöl rösten. Separat in einer kleinen Schüssel als Einlage servieren.

Nährwerte pro Portion

247 kcal // 6 g Eiweiß // 13 g Fett // 25 g Kohlenhydrate // 6 g Ballaststoffe

DAS SAGT DIE OMA

- Eine Suppe für heiße Sommertage.
- Ich habe das Rezept vor vielen Jahren von Mercedes Rossi, einer Jazz-Pianistin aus Barcelona bekommen, noch heute erinnere ich mich gern an sie.

GESUNDER TIPP

Tomaten sind roh und gekocht gesund, wenn auch unterschiedlich. Roh enthalten sie sehr viel Folsäure und Vitamin C, die beim Kochen allerdings zerstört werden. Wie gesund sie gekocht sind, können Sie beim Rezept für Paradeismark auf Seite 106 nachlesen.

ÖSTERREICH

Karotten-Erbsengemüse

Gisela Rathmanner

3–4 Karotten, 750 g Erbsen, Salz, 2 EL Rapsöl, 2 EL Mehl (glatt), 1 Knoblauchzehe (zerdrückt), 3 EL Petersilie (gehackt), Pfeffer

Karotten schälen oder gut waschen und nicht schälen. In feine Würfel schneiden. Gemeinsam mit den Erbsen in wenig Salzwasser zugedeckt bissfest dünsten.
Aus Öl und Mehl eine helle Einbrenn bereiten (siehe Grundrezept Seite 32), Knoblauch und Petersilie zugeben, kurz mitrösten, eventuell mit Gemüsekochwasser aufgießen. Mit Salz und Pfeffer abschmecken.
Die Einbrenn zum Gemüse geben und gut verrühren.

Nährwerte pro Portion

240 kcal // 13 g Eiweiß // 7 g Fett // 30 g Kohlenhydrate // 11 g Ballaststoffe

DAS SAGT DIE OMA

Dazu schmecken mir Würstel oder Suppenfleisch sehr gut, oder auch einfach nur Erdäpfel in allen Variationen.

GESUNDER TIPP

Ganz ähnlich, nur ohne Knoblauch, kann man auch Kohlrabigemüse (mit feinblättrig geschnittenem Kohlrabi) zubereiten.

Kartoffelrahmsuppe mit Eierschwammerln

Gerda Halaschek-Wiener

200 g Kartoffeln (mehlig), 40 g Zwiebel, 20 g Butter, 1 l Gemüsesuppe, Salz, Pfeffer, Rosmarin, 180 g Eierschwammerl, 1 Becher Crème fraîche

Kartoffeln roh schälen, würfelig schneiden. Zwiebel ebenfalls würfeln, in Butter andünsten. Kartoffeln zugeben, öfters umrühren. Wenn sie Farbe angenommen haben, mit Suppe aufgießen und 20 Minuten zugedeckt leicht köcheln lassen. Etwas abkühlen lassen, einige Erdäpfelwürfel aus der Suppe nehmen und beiseite stellen, die restliche Suppe pürieren. Mit Salz, Pfeffer und Rosmarin würzen und abschmecken.
Eierschwammerl putzen, waschen und eventuell schneiden. In die Suppe geben und 10 Minuten köcheln lassen. Die beiseite gestellten Erdäpfelwürfel wieder in die Suppe geben. Vom Herd nehmen und Crème fraîche einrühren.

Nährwerte pro Portion

187 kcal // 3 g Eiweiß // 16 g Fett // 8 g Kohlenhydrate // 4 g Ballaststoffe

GESUNDER TIPP

- Rapsöl hat die gesündere Fettsäurezusammensetzung als Butter.
- Sauerrahm enthält im Vergleich zu Crème fraîche nur die halbe Menge Fett. Daher am besten statt einem Becher Crème fraîche einen halben Becher Rahm verwenden.

Kochsalat mit Erbsen

Leopoldine Gindl, aufgezeichnet von Herta Rathmanner

2–3 Häuptel (Koch-)Salat
Salz
evtl. Suppenwürze
200 g Erbsen
2 EL Rapsöl
2 EL Mehl (glatt)
Pfeffer

Salat waschen und grob zupfen oder schneiden. Mit Salz oder Suppenwürze würzen, einen Schuss Wasser zugeben und 10 Minuten zugedeckt köcheln lassen, danach den Salat zerrühren. Die Erbsen zugeben und ein paar Minuten weiterköcheln. (Wenn man tiefgekühlte Erbsen verwendet, gibt man sie etwas früher dazu.)
Aus Öl und Mehl eine helle Einbrenn bereiten (siehe Grundrezept Seite 32), mit einem Schuss Wasser aufgießen, mit dem Schneebesen glattrühren, in den Salat rühren. Mit Salz und Pfeffer abschmecken.

Nährwerte pro Portion
138 kcal // 5 g Eiweiß // 8 g Fett // 12 g Kohlenhydrate // 4 g Ballaststoffe

Gesunder Tipp

Wer's besonders gesund mag, isst dazu gebratenen Tofu.

Das sagt die Oma

- Mit gekochten oder gerösteten Erdäpfeln servieren.
- Es gibt eine eigene Sorte „Kochsalat", man kann aber auch Häuptelsalat verwenden.
- Meine Mutter hat dieses Gericht immer gekocht, wenn sie zu viel grünen Salat hatte, weil er z. B. im Garten „ausgewachsen" ist.
- Fleischtiger essen dazu gekochtes Rindfleisch oder Frankfurter.

Imelda Fetz, Andelsbuch (Vorarlberg)

Ihr erstes Kochexperiment versuchte sie mit fünf, während ihre Eltern in der Kirche waren. Zwar mahnte die Mutter Imelda noch, ja keine Unordnung zu machen, aber die Idee ihrer jüngeren Schwester Marianne war zu verlockend. Sie wollten die Eltern mit selbstgemachten Riebel überraschen. „Doch das Ergebnis hat uns nicht geschmeckt. Also taten wir mehr Mehl hinein, aber dann war es wieder zu wenig Milch usw." So wurde es immer mehr, aber nicht besser. Sie lacht: „Unsere Eltern waren darüber nicht böse, nur die Riebel waren nicht zu essen – das ganze Essen bekamen die Hühner."

„Eigentlich spielte ich lieber mit Puppen, die große Köchin war immer meine Schwester Marianne." Gern ging sie ihrer Mutter daher nicht zur Hand. „Ich war unsicher, hatte Angst, dass etwas nicht gelingt, aber mit der eigenen Familie hat sich das gewandelt." Ihre Kocherfahrung wuchs mit jedem ihrer acht Kinder. Tipps bekam sie von ihrer Schwester und der Schwiegermutter. Selbst lernte sie das schnelle Kochen. „Bei so vielen Kindern, da zählt jeder Schritt, den man einsparen kann."

Heute kocht sie gern. Sie hat auch kein Problem, zu wissen, was sie kochen soll. „Andere Frauen jammern, ich aber habe jeden Tag drei oder vier Rezepte im Kopf." Am liebsten mag sie Gemüsegerichte. Früher hatte sie dafür einen Acker. „Das war aber sehr anstrengend. Immer mit dem Rad, ein Kind vorne, eines hinten." Sie lacht: „Das wurde natürlich von Kind zu Kind beschwerlicher." Heute hat sie einen kleinen Garten mit Tomaten und Kräutern, außerdem liefert ein Biobauer jeden Freitag ein Gemüsekisterl.

Mit der Zeit änderte sich ihr Kochen. „Ich nehme heute weniger Butter, wenn es den Geschmack nicht ändert. Da ist bei manchen traditionellen Rezepten noch Einiges drin." Auch von Kochbüchern lässt sie sich inspirieren, aber nur, wenn Zeit dafür ist. Grundsätzlich kocht sie „überhaps", also mit Gefühl. „Wobei", sie fängt wieder zu lachen an, „ich zugeben muss, dass ab und zu etwas nicht gelingt. – Wie bei meinen ersten Riebeln."

Paradeiskraut

Gisela Rathmanner

- 1 mittelgroßer Krautkopf
- Salz
- ½ TL Kümmel
- 1 TL Pfefferkörner
- zirka 5 Paradeiser (nach Belieben mehr)
- 2 EL Öl
- 2 EL Mehl (glatt)
- 1 kleine Zwiebel
- evtl. Paradeismark

Kraut nudelig schneiden, in wenig Salzwasser mit Kümmel und Pfefferkörnern zirka 20 Minuten zugedeckt dünsten.

Paradeiser ebenfalls in ganz wenig Wasser zirka 10 Minuten dünsten, mit der flotten Lotte passieren. (Wer keine flotte Lotte hat, schneidet die Paradeiser auf der Unterseite kreuzweise ein, legt sie 1–2 Minuten in heißes Wasser, schält sie und passiert sie mit dem Mixstab.)

Aus Öl und Mehl eine helle Einbrenn bereiten (siehe Grundrezept Seite 32), fein gehackten Zwiebel beigeben und kurz mitrösten. Diese Einbrenn zum Kraut geben, passierte Paradeiser dazu, alles gut durchmischen und mit Salz abschmecken.

Wem das Kraut noch zu wenig rot ist, der gibt noch 1–2 EL Paradeismark dazu.

Nährwerte pro Portion

143 kcal // 4 g Eiweiß // 7 g Fett // 16 g Kohlenhydrate // 6 g Ballaststoffe

DAS SAGT DIE OMA

Paradeiskraut kann man eigentlich rund ums Jahr machen, am besten schmeckt es aber im Sommer mit Frühkraut und Paradeisern aus dem eigenen Garten.

Paradeismark

Pauline Lutz

Reife Paradeiser, (Menge nach Verfügbarkeit), Rexgläser oder Schraubgläser mit Deckel

Paradeiser vierteln, in einem großen Topf erhitzen und bei mittlerer Hitze zugedeckt eine halbe Stunde köcheln. Abkühlen lassen, das sich oben ansammelnde Wasser abgießen. Mit der flotten Lotte passieren (oder durch ein Sieb streichen).
Paradeismark in Rexgläser füllen und 10 Minuten auf 90 °C einwecken.
(Wer kein entsprechendes Gerät hat – es geht auch anders: siehe Anleitung Seite 21.)

Nährwerte pro 100 g

15 kcal // 1 g Eiweiß // 0 g Fett // 2 g Kohlenhydrate // 1 g Ballaststoffe

Fisolensuppe mit Heurigen

Pauline Lutz

400 g Fisolen, Salz, Bohnenkraut, 20 g Butter, 20 g Mehl, Suppenwürze, ½ Becher Sauerrahm, 600 g Heurige Erdäpfel

Fisolen waschen, putzen und in dünne Scheibchen schneiden. In 1 Liter Salzwasser mit Bohnenkraut zugedeckt bei schwacher Hitze zirka 10 Minuten weichkochen.
Aus Butter und Mehl eine Einbrenn bereiten (siehe Grundrezept Seite 32), mit ¼ Liter vom Fisolenkochwasser unter kräftigem Rühren aufgießen, restliches Kochwasser zugeben, verrühren, mit Suppenwürze würzen.
Fisolen und Sauerrahm zugeben, nicht mehr kochen.
Heurige Erdäpfel ungeschält in Salzwasser oder im Dämpfeinsatz je nach Größe zirka 20–30 Minuten kochen. Zur Suppe servieren.

Nährwerte pro Portion

236 kcal // 7 g Eiweiß // 9 g Fett // 30 g Kohlenhydrate // 7 g Ballaststoffe

Das sagt die Oma

- Paradeismark kann man das ganze Jahr für Suppen und Soßen verwenden.
- Es ist ein Jahr haltbar.
- Ich gieße das sich sammelnde Wasser ab, damit ich das Paradeismark nicht so lange einkochen muss. Das spart Energie.

Gesunder Tipp

Die Hitze macht den Paradeisern nichts. Lykopin, den roten Farbstoff und Radikalfänger, kann der Körper umso besser verwerten, je länger die Paradeiser erhitzt wurden. Selbst in Ketchup sind große Mengen enthalten.

Das sagt die Oma

Auf Mostviertlerisch heißt diese Suppe „Bohschoarlsuppe“.

Gesunder Tipp

Kochwasser für die Suppe zu verwenden ist eine gute Idee. Damit bleiben die wasserlöslichen Vitamine und Mineralstoffe erhalten. Wegen des Phasins, das rohe Fisolen giftig macht, braucht man sich beim Kochwasser keine Sorgen zu machen: Phasin wird bei 10-minütigem Kochen zerstört.

Ribiselsaft

Christine Sachslehner, aufgezeichnet von Christine Schindelegger

2½ kg Ribisel (abgerebelt), 50 g Zitronensäure, 2½ kg Zucker, 1 Packung Einsiedehilfe, verschließbare Glasflaschen

Ribisel in eine große Schüssel geben, Zitronensäure und 2 Liter Wasser zugeben.
An einem kühlen Ort 1–2 Tage zugedeckt stehen lassen öfters umrühren.
Masse durch ein feuchtes Leinentuch seihen, Tuch gut ausdrücken. Zucker und Einsiedehilfe einrühren und vollständig auflösen.
Glasflaschen mit kochendem Wasser ausspülen. Saft in die Flaschen füllen, verschließen.

Nährwerte pro Portion (1 Glas zu 250 ml, Mischungsverhältnis 1:6)
68 kcal // 0 g Eiweiß // 0 g Fett // 16 g Kohlenhydrate // 1 g Ballaststoffe

DAS SAGT DIE OMA

- Der Saft ist bis zur nächsten Ribiselsaison, also ein Jahr, haltbar.
- Meine Mutter macht diesen Saft im Rexhäfen. Ich habe ihn abgewandelt und mache ihn kalt, wegen der Vitamine.

GESUNDER TIPP

- Einsiedehilfe enthält Benzoesäure, ein nicht unumstrittenes Konservierungsmittel, da manche Menschen allergisch darauf reagieren.
- Wenn man sauber arbeitet und den Saft bald aufbraucht, kann man ihn auch ohne Einsiedehilfe probieren.

Riebel mit Heidelbeermuas

Imelda Fetz

Riebel 350 g Grieß, 1 l Milch, 3 Messerspitzen Salz, 100 g Butterschmalz, evtl. Butter Heidelbeermuas 250 g Heidelbeeren, 3 EL Zucker, 1 EL Stärkemehl, 2 EL Wasser,

Riebel: Grieß in Milch aufkochen, Salz beigeben. Diese Masse kurz zum Ausquellen zur Seite stellen. Danach in einer Pfanne in Butterschmalz anrösten. (Die Konsistenz soll bröselig werden.)
Eventuell zum Schluss noch etwas Butter zugeben.
Heidelbeermuas: Heidelbeeren mit ⅛ Liter Wasser und Zucker aufkochen. Stärkemehl mit 2 EL Wasser verrühren, in die kochende Heidelbeermasse geben und die Soße damit binden.
Riebel mit Muas servieren.

Nährwerte pro Portion
753 kcal // 17 g Eiweiß // 35 g Fett // 91 g Kohlenhydrate // 9 g Ballaststoffe

DAS SAGT DIE OMA

- Riebel brauchen viel Fett. Aber ich sehe das so: Ich koche sie seltener, und dann richtig gut.
- Es braucht gute Zutaten: also gute Milch, gutes Butterschmalz und gute Butter. Davon gibt's im Bregenzerwald ja genug! Riebel sind bei uns eine Hauptspeise für Freitage. Vorher gibt's eine Suppe. Man kann sie natürlich zu jeder Jahreszeit essen.

GESUNDER TIPP

- Für die Riebel Vollkorngrieß verwenden. Das erhöht den Anteil an Ballast- und Mineralstoffen.
- Punkto Fett schließe ich mich Imelda Fetz an: Hin und wieder darf's ruhig auch mehr sein. Vielleicht isst man dafür weniger.
- Heidelbeeren enthalten reichlich Polyphenole, das sind Stoffe, die potenzielle Krebsauslöser entschärfen können.

Sauerkraut

Gisela Rathmanner

Kraut, grobes Salz, Pfefferkörner, Kümmel, Kren (in Scheiben geschnitten), Schaffel aus Kunststoff (oder Holz), Holzbrett, Stein, Geschirrtuch

Kraut fein hobeln. Einige Krautblätter im Ganzen zum Abdecken aufheben.
Salz, Pfeffer, Kümmel und Krenscheiben vermischen.
Geschnittenes Kraut locker in ein sauberes Schaffel streuen, etwas von der Salzmischung darüber verteilen. Drücken, bis das Kraut etwas Wasser lässt.
Diesen Vorgang so oft wiederholen, bis das gesamte Kraut aufgebraucht ist.
Mit Krautblättern abdecken, mit einem großen Holzbrett und einem schweren Stein beschweren und kühl lagern.
Nach zirka drei Wochen ist das Kraut vergoren. Die Krautblätter und die oberste, unansehnliche Schicht Kraut entfernen.
Jetzt kann laufend Sauerkraut entnommen werden. Das verbliebene Kraut jeweils mit frischem Wasser bedecken, mit einem sauberen Geschirrtuch abdecken und wieder mit Brett und Stein beschweren.

Nährwerte pro 100 g
17 kcal // 2 g Eiweiß // 0 g Fett // 1 g Kohlenhydrate // 4 g Ballaststoffe

DAS SAGT DIE OMA

Gärendes Sauerkraut riecht nicht besonders gut, deshalb nicht in der Wohnung lagern!

GESUNDER TIPP

250 g Sauerkraut enthalten den halben Tagesbedarf an Vitamin C und sind somit bestens geeignet um gesund durch den Winter zu kommen.

Schnelles Zucchinigemüse mit Ei

Emilie Dangl

600 g Zucchini, 120 g Speck, 1 EL Öl, 3 Knoblauchzehen, 4 Eier, Salz, Pfeffer, Schnittlauch

Zucchini in feine Scheiben schneiden, Speck kleinwürfelig schneiden. In einer Pfanne Öl erhitzen, Speck darin kurz braten. Den zerdrückten oder gehackten Knoblauch zugeben, später auch die Zucchinistücke mitrösten, bis sie bissfest sind.
Eier mit Salz und Pfeffer verquirlen, über die Zucchini gießen und stocken lassen.
Mit geschnittenem Schnittlauch bestreut servieren.

Nährwerte pro Portion
357 kcal // 12 g Eiweiß // 33 g Fett // 5 g Kohlenhydrate // 2 g Ballaststoffe

DAS SAGT DIE OMA

- Dieses Rezept ist neu, das habe ich früher nicht gekocht. Es hat ja früher auch gar keine Zucchini gegeben. Seit ich für mich alleine koche, mag ich schnelle Gemüsegerichte wie dieses.
- Dazu passt Bauernbrot.

GESUNDER TIPP

- Eier haben leider einen schlechten Ruf, obwohl sie sehr nährstoffreich sind.
- Ein Ei deckt ein Drittel des Tagesbedarfs an Vitamin D, von dem wir fast alle zu wenig aufnehmen.
- Der Cholesteringehalt ist zwar hoch, doch Cholesterin im Essen ist viel weniger gefährlich als lange Zeit angenommen.
- Wenn man dem Cholesterinspiegel Gutes tun will, lässt man lieber den Speck weg – oder nimmt mageren Schinkenspeck.

Schwarzes Johannisbeerchutney

Angelika Brandhofer

½ kg Schwarze Johannisbeeren, 2–3 Kläräpfel, 1 Zwiebel, 1 Knoblauchzehe, 1 EL Rosinen, 100 g brauner Zucker (mehr oder weniger – nach Geschmack), 150 ml Essig, 1 nussgroßes Stück Ingwer (gerieben), ½ TL Koriander (gemahlen), ½ TL Zimt (gemahlen), evtl. etwas Chilipulver, Salz, Pfeffer, saubere Gläser mit Schraubdeckel

Johannisbeeren waschen, verdorbene Beeren entfernen. Äpfel schälen, vom Kerngehäuse befreien, in grobe Würfel schneiden. Zwiebel und Knoblauch hacken.
Alle Zutaten vermischen und über Nacht an einem kühlen Ort ziehen lassen.
Am nächsten Tag zum Kochen bringen und auf kleiner Flamme köcheln lassen, bis die Masse dickflüssig ist.
Inzwischen Schraubgläser und -deckel mit kochendem Wasser ausschwemmen, trocknen.
Chutney noch heiß in die Gläser füllen, Deckel aufschrauben und stürzen.

Nährwerte pro Portion (25 g)
21 kcal // 0 g Eiweiß // 0 g Fett // 4 g Kohlenhydrate // 1 g Ballaststoffe

DAS SAGT DIE OMA

Dieses Chutney passt ganz besonders gut zu Wild, aber auch zu Rindfleisch.

GESUNDER TIPP

Schwarze Ribisel (Johannisbeeren) enthalten extrem viel Vitamin C. Das ist aber hitzelabil und wird beim Einkochen zu einem Gutteil zerstört. Ballast- und Mineralstoffe aber nicht. Alles in allem ist das Chutney auf jeden Fall eine gesunde Angelegenheit.

Senfgurken

Leopoldine Gindl, aufgezeichnet von Herta Rathmanner

Salatgurken, Salz, Essig, Senfkörner, Zucker, pro Glas je 2 Lorbeerblätter, Dillkraut (abgezupft), 1 kleine Zwiebel, Kren (in dünne Scheiben geschnitten); große Schraubgläser mit Deckel

Gurken schälen, mit einem Teelöffel die Kerne herauskratzen, in beliebig große Stücke schneiden. Einsalzen und über Nacht zugedeckt kühl stehen lassen.
Schraubgläser und Deckel mit kochendem Wasser ausspülen, auf ein Geschirrtuch stürzen.
Essig mit Senfkörnern und Zucker nach Geschmack aufkochen, abkühlen lassen.
In jedes Glas 2 Lorbeerblätter, etwas Dillkraut, 1 kleine Zwiebel im Ganzen und zwei bis drei Krenscheiben legen. Gurken abtropfen lassen, aufgestellt in die Gläser geben, mit dem Essig übergießen. Verschließen.

Nährwerte pro 100 g
19 kcal // 0 g Eiweiß // 0 g Fett // 3 g Kohlenhydrate // 0 g Ballaststoffe

DAS SAGT DIE OMA

- Eingelegte Gurken sind eine super Möglichkeit, Gurken-Überschüsse im Garten zu verarbeiten.
- Sauber arbeiten! Dann sind die Gurken bis zu einem Jahr haltbar.
- Wir haben die Senfgurken früher immer zur Osterjause gegessen.

Spuckstrudel

Theresia Salzmann

Für 6 kleine Strudel à 3 Stück 1 kg Kirschen, 400 g Mehl (glatt), 200 g Schweineschmalz (kalt), 1 Ei, ¼ l Essigwasser (Wasser mit einem guten Schuss Essig, Weißwein oder Most), Salz, Mehl (zum Auswalken)

Kirschen waschen, abtrocknen.
Auf einem großen Brett das Mehl anhäufen, eine Mulde machen, das Schmalz in kleinen Stücken, Ei, Essigwasser und eine Prise Salz hineingeben und dann wie Mürbteig abkneten. (Der Teig ist anfangs patzig, man muss ihn lang genug kneten, dann wird er plötzlich glatt und löst sich von den Fingern.)
In Frischhaltefolie gewickelt zirka 1 Stunde lang kalt stellen. Danach Mehl auf die Arbeitsfläche streuen und Teig dünn auswalken. Teig in 6 Bahnen, so lang wie die Breite eines Backblechs schneiden. Kirschen jeweils in der Mitte einer Bahn 5 cm breit auflegen, Strudel einschlagen. Nicht bestreichen. Vorsichtig auf ein Backblech legen. Im vorgeheizten Backrohr bei 180 °C zirka 45 Minuten backen.

Nährwerte pro Portion
222 kcal // 3 g Eiweiß // 12 g Fett // 25 g Kohlenhydrate // 2 g Ballaststoffe

DAS SAGT DIE OMA

- Ein Teig ohne Zucker!
- Das Schmalz für diesen Strudel muss unbedingt kalt sein.
- Die Kirschen mit den Kernen verwenden, damit kein Saft ausrinnt. (Deshalb heißt der Strudel „Spuckstrudel".)

GESUNDER TIPP

- Schmalz mag abschreckend erscheinen. Von seiner Fettsäurezusammensetzung ist es aber sogar gesünder als Butter.
- Wer den Teig gesünder machen will, kann Vollkorn- statt weißem Mehl verwenden.

Stangensellerie-Tunfischdip

Anita Gransche-Stabenow

2 Dosen Tunfisch in Salzlake, ½ Bund Stangensellerie, 1 Zitrone (unbehandelt), Salz, Cayennepfeffer, 4 Knoblauchzehen (zerdrückt), Senf, einige Frühlingszwiebeln

Tunfisch in einem Sieb unter kaltem Wasser abspülen, abtropfen lassen.
Stangensellerie waschen, sehr klein hacken. Zitrone waschen, Schale abreiben, entsaften, beides zum Sellerie geben. Mit Salz, Cayennepfeffer, Knoblauch und etwas Senf würzen.
Tunfisch mit der Gabel zerdrücken und zugeben.
Gewaschene Frühlingszwiebel fein hacken und ebenfalls zugeben. Nachwürzen.

Nährwerte pro Portion
128 kcal // 11 g Eiweiß // 7 g Fett // 5 g Kohlenhydrate // 1 g Ballaststoffe

DAS SAGT DIE OMA

- Wir essen diesen Dip gerne als Vorspeise mit Weißbrot. Oder zu einem kalten Fisch-Abendessen mit Räucherlachs, Sardinen aus der Dose, …
- Ich bringe ihn auch immer wieder gern zu Esseneinladungen mit.

GESUNDER TIPP

Tunfisch liefert reichlich Omega-3-Fettsäuren, die gesund für Herz und Hirn sind.

Süßes Kraut

Gisela Rathmanner

1 mittelgroßer Krautkopf
1–2 Erdäpfel (mehlig)
Salz
½ TL Kümmel
½ TL Pfefferkörner
2 EL Öl
2 EL Mehl (glatt)
Salz
Pfeffer
1 Knoblauchzehe (zerdrückt)

Kraut grob schneiden, Erdäpfel schälen und ebenfalls in grobe Stücke schneiden. Kraut in einem Topf mit Wasser bedecken, salzen, Kümmel und Pfefferkörner zugeben und zugedeckt zirka 30 Minuten weichkochen. Nach 15 Minuten die Erdäpfel dazugeben. Verkochtes Wasser nicht nachgießen, zum Schluss eventuell verbleibendes Wasser abgießen, aber auffangen.
Kraut und Erdäpfel mit dem Stampfer zerdrücken, die Masse soll eine Konsistenz wie Erdäpfelpüree haben. Dafür eventuell wieder Kochwasser zugießen.
Aus Öl und Mehl eine helle Einbrenn bereiten (siehe Grundrezept Seite 32), Krautpüree zugeben, gut verrühren und mit Salz, Pfeffer und Knoblauch würzen.

Nährwerte pro Portion

135 kcal // 3 g Eiweiß // 6 g Fett // 13 g Kohlenhydrate // 5 g Ballaststoffe

DAS SAGT DIE OMA

- „Süß“ heißt dieses Krautgericht im Unterschied zu Sauerkraut.
- Am besten schmeckt es im Sommer mit Frühkraut, man kann es aber auch aus Lagerkraut machen.
- Geröstete Erdäpfel (Rezept Seite 39) oder Grumpernsterz (Seite 43) passen gut dazu. Natürlich auch gebratene Ripperl.

Ingrid Ebenhöh, Würnsdorf (NÖ)

„Rupfene", echte Waldviertler Erdäpfelknödel, waren ihr erstes selbstgemachtes Gericht. Als Älteste von fünf Töchtern musste Ingrid schon früh ihrer Mutter helfen. „Obwohl das nicht immer eine Hilfe war." Sie lacht. „Beim Brösel-mit-Zucker-Rösten musste meine Mutter selbst nochmals rösten, weil zu viel in meinem Mund verschwunden ist."

So richtig lernte sie das Kochen erst nach ihrer Gärtnerlehre, als sie heiratete. „Mit einem Mal musste ich für zehn Leute kochen. Gern tat ich das nicht." Viele Tipps holte sie sich damals von ihrer Mutter und der Schwägerin Anni. „Die Frage, ob wollen oder müssen stellte man sich nicht. Heute würde das eine junge Frau ja nicht mehr tun. Damals war das nicht so."

Als dann nur ihre Kinder da waren, „machte es mir nichts mehr aus." Heute kocht sie gern, denn es wird mehr denn je geschätzt. Ob von den Kindern (Stimmt, Mamas Küche ist die beste! Und ich lerne ihre traditionellen Gerichte! – Anmerkung des Autors) oder ihrem Mann. „Der sagt immer: Du kochst viel besser als früher." Sie lacht. „Ich antworte ihm dann: ‚Da hat sich sicher dein Geschmack verändert'."

Nach wie vor kocht Ingrid mit guten Lebensmitteln. Und alles von eigener Hand. „Ich habe erst kürzlich ein Fertiggericht probiert, aber das ist nichts für mich, es schmeckt nicht." Die heutige Küche ist eine andere – man bekommt alles zu jeder Zeit, „außerdem werden Lebensmittel als nicht mehr so wertvoll angesehen". „Gesünder kochen als damals geht gar nicht", sagt sie, „denn früher hatte man alles im Garten." „Die gesunde Küche" interessierte die langjährige Kneipperin immer schon. „Die vielen Seminare beeinflussten mein Kochen natürlich, aber nicht nur."

Kochen ist für sie Erfahrungssache. Seit jeher kocht sie nach Gefühl. „Daher schmeckt es auch immer ein wenig anders." Doch ohne Abschmecken kommt sie nicht aus. Ob es ihr dabei öfter so geht wie damals bei ihrer Mutter? Sie muss lachen. „Beim Brösel-Rösten noch immer."

Überbackene Auberginen mit Kapern

Anita Gransche-Stabenow

4 Auberginen
Salz
4 EL Olivenöl
6 Tomaten
4 Knoblauchzehen
1 Peperoni
1 Zwiebel
3 EL eingelegte Kapern (klein)
Salz
Pfeffer
3 Mozzarella
Paprikapulver (edelsüß)
frisches Basilikum (gehackt)

Auberginen der Länge nach halbieren und aushöhlen. Fruchtfleisch klein hacken. Alles salzen.
In einer großen Pfanne die Auberginen erst auf der Hautseite, dann auf der offenen Seite in 2 EL Olivenöl leicht braun anbraten. Mit der Hautseite nach unten nebeneinander in eine feuerfeste Form legen und ins vorgeheizte Backrohr (180 °C) stellen, während der weiteren Zubereitung durchziehen lassen.
Tomaten auf der Unterseite kreuzweise einschneiden, eine Minute in heißes Wasser legen, dann schälen, vierteln, entkernen und kleinhacken.
In einer anderen Pfanne Knoblauch und Peperoni feinhacken, in 2 EL Olivenöl scharf anbraten. Kleingehackte Zwiebel zugeben, mitdünsten. Später gehacktes Auberginenfruchtfleisch und noch später Tomatenwürfel zugeben, weiterdünsten. Kapern unter fließendem Wasser abspülen und zum Schluss zugeben. Mit Salz und Pfeffer würzen.
Diese Masse in die Auberginenhälften füllen. Kleingehackten oder geriebenen Mozzarella darüber streuen, mit einem Streifen Paprikapulver verzieren.
Bei 220 °C zirka 15 Minuten überbacken, bis der Mozzarella bräunlich ist.
Vor dem Servieren mit Basilikum bestreuen.

Nährwerte pro Portion
461 kcal // 24 g Eiweiß // 33 g Fett // 17 g Kohlenhydrate // 10 g Ballaststoffe

DAS SAGT DIE OMA

- Damit die Auberginen nicht anbrennen, kann man sie mit etwas Rotwein untergießen.
- Die Auberginen kann man als Vorspeise essen (eine Portion = eine Hälfte). Wir essen sie oft auch als Hauptspeise (eine Portion = zwei Hälften) und davor einen Salat.

GESUNDER TIPP

Auberginen sind vor allem im Mittelmeerraum ein sehr beliebtes Gemüse. Sie sind sehr mineralstoffreich.

HERBST

Apfelbohnen

Irena Bruckmüller

200 g Bohnen (am besten braune, getrocknet), Salz, 1 kg Äpfel, 50 g Butter, 50 g Zucker, 1 EL Mehl

Bohnen am Vorabend einweichen. Am nächsten Tag weichkochen (zugedeckt auf kleiner Flamme 45–60 Minuten) und etwas salzen. Aus den Äpfeln ein Apfelmus zubereiten: schälen, entkernen, in ganz wenig Wasser zugedeckt weichdünsten und pürieren.
Butter erwärmen, etwas Zucker und einen Löffel Mehl dazugeben, das Mehl leicht anbräunen. Mit dem Apfelmus übergießen, die Bohnen dazu geben. Alles aufkochen, etwas nachsalzen und nach Geschmack süßen. Kalt oder lauwarm servieren.

Nährwerte pro Portion

335 kcal // 15 g Eiweiß // 12 g Fett // 43 g Kohlenhydrate // 7 g Ballaststoffe

DAS SAGT DIE OMA

Diese Süßspeise ist ein altes, traditionelles slowenisches Rezept. Bohnen und Äpfel hatten (und haben) fast alle im Garten; somit lag es nahe, beides zu kombinieren (harmoniert auch ziemlich gut).

GESUNDER TIPP

In der gesünderen Variante kann man ein Drittel des Zuckers und die Hälfte der Butter weglassen.

Apfelnockerl

Gerda Halaschek-Wiener

400 g Mehl (Hauptspeise) bzw. 250 g Mehl (Nachspeise), 400 bzw. 250 ml Wasser oder Milch nach Bedarf, 20 g Butter, 1 Ei, 2 Msp. Backpulver, Salz, 4–6 Äpfel (je nach Größe), 1 EL Butter, Zucker nach Geschmack, Zimt nach Geschmack, ½ Zitroneschale (unbehandelt)

Mehl mit Flüssigkeit, Butter, Ei, Backpuler und einer Prise Salz zu einem weichen Teig verrühren.
Mit zwei Esslöffeln Nocken aus dem Teig stechen. Löffel dazwischen immer in kaltes Wasser tauchen. Nocken in leicht köchelndes Wasser legen und so lange kochen, bis sie an der Oberfläche schwimmen. Abschöpfen und abtropfen lassen.
Äpfel entkernen, nicht schälen, in Spalten schneiden und in heißer Butter mit Zucker weichdünsten. Mit Zimt und Zitronenschale würzen. Nockerl untermischen.

Nährwerte pro Portion

589 kcal // 16 g Eiweiß // 14 g Fett // 100 g Kohlenhydrate // 7 g Ballaststoffe

DAS SAGT DIE OMA

- Ich schäle Äpfel bei keinem meiner Rezepte. Das spart Arbeit und ist gesünder.
- Den gleichen Teig kann man auch für Eiernockerl verwenden: Versprudeltes, gesalzenes Ei unter die heißen Nockerl mischen, pfeffern. Mit Grünem Salat servieren.

GESUNDER TIPP

- Die Butter im Spätzleteig ist nicht unbedingt nötig, die kann man auch weglassen.
- Dafür könnte man statt weißem Mehl Vollkornmehl versuchen – zumindest zur Hälfte.

Apfelpalatschinken

Ingrid Ebenhöh

250 g Mehl (gemischt)
1 Ei
zirka ¼ l Milch
Salz
4 Äpfel
Öl zum Backen
Staubzucker zum Anzuckern

Mehl, Ei, Milch und Salz versprudeln.
Äpfel schälen, blättrig schneiden oder hacheln, mit dem Teig vermischen. In einer beschichteten Pfanne mit Öl wie Palatschinken auf beiden Seiten hellbraun backen. Vorsichtig wenden.
Mit Staubzucker bestreut servieren.

Nährwerte pro Portion

454 kcal // 11 g Eiweiß // 15 g Fett // 68 g Kohlenhydrate // 5 g Ballaststoffe

DAS SAGT DIE OMA

Auf diese Art kann man auch andere Obst-Palatschinken zubereiten: z. B. mit Heidelbeeren.

GESUNDER TIPP

- Die Palatschinken sind ganz ohne Zucker!
- Mit Rapsöl zum Backen, Vollkornmehl und ungeschälten Äpfeln kann man das ganze gesundheitliche Potenzial ausschöpfen.

Apfelradeln

Gerti Kucher

- 3/8 l Milch
- 150–200 g Mehl (glatt)
- 2 Eier
- Salz
- 8 Äpfel (z. B. Boskoop)
- Öl oder Backfett
- Staubzucker und Zimt zum Bestreuen

Milch mit Mehl, Eiern und Salz gut verrühren, etwas rasten lassen.
Die Äpfel waschen, mit einem Ausstecher entkernen, schälen und in 1 cm dicke Scheiben schneiden.
Reichlich Öl oder Backfett erhitzen, die Apfelscheiben in den Backteig tauchen, Teig kurz abtropfen lassen. Apfelradeln in das heiße Fett legen und goldbraun backen.
Auf Küchenpapier abtropfen lassen und mit Staubzucker und Zimt bestreut servieren.

Nährwerte pro Portion

580 kcal // 12 g Eiweiß // 28 g Fett // 69 g Kohlenhydrate // 7 g Ballaststoffe

DAS SAGT DIE OMA

- Man kann die Eier auch trennen, das Eiklar zu Schnee schlagen und kurz vor dem Backen unter den Teig heben. Das macht den Teig flaumiger.
- Auf die gleiche Art können auch Blütendolden vom Schwarzen Holunder oder große Salbeiblätter mit Stiel zubereitet werden.
- Staubzucker mache ich mir selbst: Dazu mahle ich in meiner alten Kaffeemühle Bio-Rohrzucker.

GESUNDER TIPP

- Zum Ausbacken am besten Rapsöl verwenden und nach dem Backen gut abtropfen lassen.
- Es gibt so viele verschiedene Äpfel: Geben Sie sich nicht mit dem schmalen Angebot im Supermarkt zufrieden, sondern probieren Sie alte Sorten am Bauernmarkt aus!

Austernpilze und Penne

Anita Gransche-Stabenow

400 g Austernpilze, 4 Knoblauchzehen, 1 Chilischote (frisch), 3 EL Olivenöl, Salz, Saft einer Zitrone, 600 g Penne, Parmesan (gerieben)

Pilze putzen. Die Stiele abschneiden, klein hacken. Knoblauch und Chili ebenfalls feinhacken.
Alles in Olivenöl andünsten.
Dann die restlichen Austernpilze im Ganzen zugeben, alles goldbraun braten. Mit Salz und Zitronensaft würzen.
In der Zwischenzeit reichlich Wasser zum Kochen bringen, salzen und Penne darin offen nach Packungsanleitung al dente kochen, abseihen. Mit der Pilzsoße vermischen und mit geriebenem Parmesan bestreut servieren.

Nährwerte pro Portion

675 kcal // 24 g Eiweiß // 16 g Fett // 108 g Kohlenhydrate // 11 g Ballaststoffe

GESUNDER TIPP

Ruhig mal Vollkorn-Penne statt der weißen probieren, das erhöht den Mineral- und Ballaststoffgehalt und schmeckt vielen sogar besser.

Dirndlmarmelade

Angelika Brandhofer

½ kg reife Dirndl (Kornelkirschen), 3 saftige, säuerliche Äpfel (z. B. Boskoop), ½ kg Gelierzucker 2:1, saubere Gläser mit Schraubdeckel

Schraubgläser und -deckel mit kochendem Wasser ausschwemmen.
Obst gut waschen. Äpfel vierteln (nicht schälen, auch Kerngehäuse nicht entfernen).
Das Obst mit dem Gelierzucker zum Kochen bringen und solange kochen, bis Äpfel und Dirndln weich sind.
Die Masse durch ein Sieb passieren und weiter kochen, bis sie dickflüssig wird.
Gelierprobe machen: 1 TL Obstmasse auf ein kaltes Teller träufeln und auskühlen lassen. Wenn sie dabei fest wird, ist sie fertig.
Marmelade in die Gläser füllen, mit dem Deckel verschließen und stürzen.

Nährwerte pro Portion (25 g)

48 kcal // 0 g Eiweiß // 0 g Fett // 12 g Kohlenhydrate // 0 g Ballaststoffe

DAS SAGT DIE OMA

Man kann auch ein paar Zwetschken mitkochen.

GESUNDER TIPP

Dirndl (= Kornelkirschen) sind mittlerweile eine Obstrarität. Sie sind mit der Kirsche botanisch nicht verwandt.

Eingelegte grüne Paradeiser

Theresia Salzmann

- 1 kg grüne Paradeiser
- ¼ kg Zwiebel
- 100 g Salz
- 1 l Essig
- 2 Gewürznelken
- 1 Zimtrinde
- Wacholderbeeren
- 50 g Zucker
- Schraubgläser mit Deckel

Paradeiser und Zwiebel blättrig schneiden, in eine große Schüssel geben. Salz in 1 Liter Wasser auflösen, über die Paradeiser leeren und über Nacht zugedeckt an einem kühlen Ort durchziehen lassen. Am nächsten Tag ausdrücken.
Essig nach Geschmack mit Wasser verdünnen, mit den Gewürzen und dem Zucker aufkochen, die ausgedrückten Paradeiser zugeben. Noch einmal kurz aufkochen lassen.
Gläser und Deckel mit kochendem Wasser ausspülen, trocknen.
Die Paradeiser heiß in die Gläser füllen, Deckel aufschrauben.

Nährwerte pro Portion (150 g)
32 kcal // 1 g Eiweiß // 0 g Fett // 5 g Kohlenhydrate // 1 g Ballaststoffe

Das sagt die Oma

- Die grünen Paradeiser, die im Herbst nicht mehr reif werden, kann man so auch noch verwerten.
- Eingelegt sind sie gut ein Jahr haltbar.
- Wir essen sie zur kalten Jause als Abwechslung zu Essiggurkerln.

Gesunder Tipp

Grüne Paradeiser enthalten – wie auch die grünen Stellen bei Erdäpfeln – den Giftstoff Solanin, der bei einer kleinen Vergiftung zu Kopf- und Magenschmerzen, Halskratzen, Übelkeit und Erbrechen führen kann. Da Solanin auch durch Hitze nicht zerstört wird, sollte man nicht zu viele von den grünen Paradeisern essen.

Erdäpfelreinkalan (Erdäpfellaibchen)

Gerti Kucher

1 kg Erdäpfel (mehlig)
50 g Butter
150 g Mehl (griffig)
1 TL Salz
1 Ei
Muskatnuss (gerieben)
Öl (zum Braten)

Erdäpfel ungeschält in Wasser oder im Dämpfeinsatz zugedeckt je nach Größe zirka 30 Minuten kochen, heiß schälen, gleich durch die Erdäpfe presse drücken, auskühlen lassen.
Die Butter zerlassen, Mehl, Salz, Ei und Muskatnuss dazu geben, schnell zu einem Teig verkneten.
Aus dem Teig eine zirka 8 cm dicke Rolle formen, davon 2–3 cm dicke Scheiben abschneiden. Zu Laibchen formen und in einer beschichteten Pfanne in wenig Öl goldbraun braten.

Nährwerte pro Portion
505 kcal // 11 g Eiweiß // 23 g Fett // 63 g Kohlenhydrate // 7 g Ballaststoffe

DAS SAGT DIE OMA

- Dazu am besten Grünen Salat servieren. (Im Winter Vogerl- oder Krautsalat.)
- Man kann die Erdäpfelreinkalan auch süß mit Apfelmus oder Preiselbeerkompott essen.

GESUNDER TIPP

Vollkorn- statt dem weißen Mehl erhöht Ballaststoff- und Vitamingehalt.

Erdäpfelauflauf

Angelika Brandhofer

10 Erdäpfel (festkochend)
1 Zwiebel oder 10 cm Lauch
Gemüse (z. B. 2 Karotten, ½ Kürbis, 1 Pastinake, 1 Gelbe Rübe, 200 g Brokkoli)
1 Handvoll Schwammerl
2 EL Rapsöl
1 Knoblauchzehe
Salz, Pfeffer
Petersilie (gehackt)
¾ Liter Milch
2–3 EL Stärkemehl
1 Ei
1 TL Suppenwürze
Muskat
evtl. geriebener Käse
Butter für die Form

Erdäpfel schälen und in dünne Scheiben oder kleine Würfel schneiden. Zwiebel (oder Lauch) hacken. Gemüse kleinschneiden. Schwammerl putzen und ebenfalls kleinschneiden.
Zwiebel in Öl glasig anschwitzen, Erdäpfelscheiben zugeben und mitrösten, später auch Gemüse, Schwammerl und zerdrückten Knoblauch zugeben. Mit Salz, Pfeffer und gehackter Petersilie würzen.
Milch mit Stärkemehl und Ei versprudeln, mit Suppenwürze, Salz und geriebener Muskatnuss würzen. Langsam unter Rühren einmal aufkochen lassen.
Erdäpfel-Gemüsemischung in eine gefettete Auflaufform geben, mit der Milchmischung übergießen. Im vorgeheizten Rohr bei 180 °C Heißluft zirka 30 Minuten backen. Zum Schluss eventuell mit geriebenem Käse bestreuen und noch zirka 5 Minuten im Rohr lassen.

Nährwerte pro Portion (inkl. 1 Pkg Mozzarella)
496 kcal // 22 g Eiweiß // 23 g Fett // 50 g Kohlenhydrate // 10 g Ballaststoffe

DAS SAGT DIE OMA

Wer mag, kann zusätzlich zum Gemüse noch ein wenig Faschiertes geben.

GESUNDER TIPP

Als Beilage am besten Grünen oder Vogerlsalat.

Eingesäuerte Brandrüben

Maria Heigl

Brand- oder Halmrüben, Salz, Kümmel (ganz), evtl. Sauerkraut, Tontopf, Holzbrett, Stein

Rüben schälen, waschen, schnetzeln. Mit Salz und Kümmel und eventuell etwas Sauerkraut in einen Tontopf einschichten. (Vorgangsweise siehe Rezept Sauerkraut, Seite 108)

Nährwerte pro Portion (150 g)
47 kcal // 2 g Eiweiß // 1 g Fett // 8 g Kohlenhydrate // 6 g Ballaststoffe

Gedünstetes Kraut

Theresia Salzmann

100 g Speck, 1 große Zwiebel, 2 EL Zucker, 1 Krautkopf, Salz, Kümmel (ganz)

Speck schneiden, in einer Pfanne mit Zwiebel glasig dünsten, etwas Zucker zugeben.
Kraut nudelig schneiden, zugeben. Mit Salz und Kümmel würzen, mit etwas Wasser aufgießen und bei milder Hitze zugedeckt zirka 20 Minuten weichdünsten.

Nährwerte pro Portion
258 kcal // 5 g Eiweiß // 20 g Fett // 16 g Kohlenhydrate // 7 g Ballaststoffe

Das sagt die Oma

- Die sauren Brandrüben passen überall dazu, wo auch Sauerkraut passt.
- Eine Möglichkeit zur Weiterverarbeitung sind die „Eingebrannten sauren Rüben"(Rezept siehe Seite 33).
- Halmrüben sind eine alte Sorte, man bekommt sie wieder im Bioladen.
- Der Name „Brandrübe" kommt daher, dass diese Rüben früher dort angebaut wurden, wo zuvor ein Feuer gemacht worden war.

Gesunder Tipp

Rüben kommen in unserer Ernährung im Gegensatz zur Tiernahrung leider viel zu wenig vor. Das ist schade, denn sie sind vitamin- und mineralstoffreich, kalorienarm, ballaststoffreich, ein regionales Gemüse – und schmecken gut!

Das sagt die Oma

Dieses Kraut passt gut zu Schweinsbraten, Geselchtem oder Fleischknödeln.

Gesunder Tipp

Kraut ist ein Kohlgewächs. Es ist leichter verdaulich als Kohl, aber genauso gesund, und enthält viele Vitamine, Mineral- und Ballaststoffe.

Herta Rathmanner, Petzenkirchen (NÖ) präsentiert die Rezepte ihrer Mutter Leopoldine Gindl (1923–1998)

„Einmal mussten wir die Semmelknödel, die ich machte, mit dem Löffel essen". Herta schmunzelt.
Ihre Mutter hatte viel Erfahrung und kochte daher nach Gefühl, dementsprechend vage waren die Mengenangaben, die sie ihr gab. „Oft hieß es, ein Handerl Mehl oder ein bisschen Milch."
„Meine Mutter hat sehr gern gekocht." Diese Begeisterung übertrug sich aber nicht ganz auf sie. Herta lacht. „Wahrscheinlich, weil ich immer nur umrühren durfte. Aus Sorge, dass ich etwas verpfuschen könnte."
Leopoldine arbeitete in einem fremden Haushalt, in dessen Küche sehr viel Wert auf genaues Arbeiten gelegt wurde. „Schnittlauch, Erdäpfel oder Zwiebel – alles musste akkurat und fein geschnitten sein." Herta konnte dieser Akribie nichts abgewinnen. Sie lächelt verschmitzt. „Vielleicht bin ich auch deshalb eine ganz andere Köchin geworden."
Das Kochen hat sie dennoch von ihr. „Aber auch aus meinem ersten Kochbuch, das ich schon in der Schule bekommen habe. " Darin blätterten auch ihre Mutter Leopoldine und später ihre Tochter Theres, wenn sie nach Grundrezepten suchten.
Saisonale und regionale Produkte hatten in ihrer Familie immer große Bedeutung. Bereits Hertas Großmutter hatte einen Garten und kochte, was darin zu finden war. Auch ihre Mutter hatte einen Hausgarten. „Da er an der Straße lag, musste er immer picobello aussehen – wegen der Leute." Sie lacht. „Das war damals so – nicht so wie bei mir heute, wo schon mal ein bisschen Unkraut wachsen darf."
Mittlerweile kocht Herta ganz gern. „Aber nur, wenn ich jemandem damit eine Freude machen kann. Und wenn es geschätzt wird." Ihre Kinder gingen oft zur Oma, wenn sie „zu gesund" kochte. „Das Essen meiner Mutter war eher deftig." Sie lacht. „Und so bin ich halt auf meinem Essen sitzen geblieben. – Nur das Grießkoch mochten alle."
Auf die Frage, in wessen Küchenfußstapfen ihre Tochter Theres tritt, muss Herta wieder lachen. „Die Begeisterung hat sie von ihrer Oma, aber ...", sie denkt kurz nach, „... sie kocht wieder ganz anders – sie ist so eigensinnig, wie ich es war."

Gedeckter Apfelkuchen

Pauline Lutz

1 Blech (16 Stück)
350 g Mehl (glatt)
½ Pkg. Backpulver
1 Ei
1 Dotter
150 g Staubzucker
1 Pkg. Vanillezucker
1 Prise Salz

Fülle
150 g Butter
¾ kg Äpfel
2 EL Staubzucker
1 TL Zimt
80 g Rosinen

Für den Teig Mehl und Backpulver auf ein Brett sieben, in der Mitte eine Mulde machen. Ei, Dotter, Zucker, Vanillezucker und Salz in diese Mulde geben. Butter in kleine Stücke schneiden und ebenfalls dazugeben. Alle Zutaten mit den Händen zu einem geschmeidigen Teig verkneten. 1 Stunde in Frischhaltefolie eingewickelt kühlstellen.
Für die Fülle Äpfel schälen, entkernen und in Spalten schneiden. Mit Zucker, Zimt und Rosinen vermischen.
Teig in zwei Hälften teilen. Jede Hälfte direkt auf einem mit Backpapier ausgelegten Backblech auswalken. Die erste Teigplatte auf dem Backblech lassen. Apfelfülle darauf verteilen.
Die zweite Teigplatte vorsichtig unter Zuhilfenahme des Backpapiers auf die Apfelmasse klappen. Die Teigränder durch Andrücken miteinander verbinden.
Den Kuchen im vorgeheizten Rohr bei 200 °C zirka 20 Minuten backen.

Nährwerte pro Stück
241 kcal // 3 g Eiweiß // 9 g Fett // 36 g Kohlenhydrate // 2 g Ballaststoffe

DAS SAGT DIE OMA

- Das Mehl siebt man aus zwei Gründen: Erstens, weil die Masse dadurch flaumiger wird. Der zweite Grund ist historisch: Früher siebte man Mehl, um Fremdkörper und Motten herauszufiltern.
- Ich walke den Teig auf Backpapier aus. Dann klebt er nicht an und kann leichter übertragen werden. Er ist nämlich so mürbe, dass er ganz leicht bricht.

GESUNDER TIPP

Folgende Änderungen könnte man vornehmen, um den Kuchen besonders gesund zu machen: Vollkorn- statt weißem Mehl, ein Drittel der Zuckermenge weglassen und Rohzucker oder Honig nehmen, Apfel mit der Schale verwenden.

Gedünstete Äpfel

Theresia Salzmann

1 kg Äpfel, 100 g Zucker, ein Stück Zimtrinde, 4 Gewürznelken, etwas Zitronenschale (unbehandelt)

Äpfel schälen, in Viertel schneiden, in einen Topf geben. Zucker und Gewürze zugeben, mit Wasser bedecken, aufkochen und wenige Minuten dünsten. (Aufpassen, dass die Äpfel nicht zu weich werden!)

Nährwerte pro Portion

221 kcal // 1 g Eiweiß // 1 g Fett // 51 g Kohlenhydrate // 5 g Ballaststoffe

Hollerröster

Maria Heigl

½ kg Holunderbeeren (abgerebelt), 2 Zitronenscheiben (unbehandelt), 1 Apfel (entkernt und in Spalten geschnitten), 5 Zwetschken (entkernt), 1 Zimtstange, 5 Gewürznelken, 100 g Zucker, ⅛ l Süß- oder Sauerrahm, 20 g Stärkemehl

Holunderbeeren in ¼ l Wasser mit Zitronenscheiben, Apfelspalten, Zwetschken und Gewürzen zugedeckt bei geringer Hitze weichkochen (zirka 15–20 Minuten). Zucker untermischen.
Rahm und Stärkemehl versprudeln, in den kochenden Hollerröster rühren und zum Eindicken kurz weiterköcheln.

Nährwerte pro Portion

226 kcal // 3 g Eiweiß // 5 g Fett // 41 g Kohlenhydrate // 4 g Ballaststoffe

DAS SAGT DIE OMA

- Besonders gut schmecken die gedünsteten Äpfel, wenn man den Zucker zuerst in den Topf gibt und karamellisieren lässt.
- Gedünstete Äpfel schmecken als Nachspeise oder als Beilage zu vielen Süßspeisen.

GESUNDER TIPP

- Wer mag, kann die Äpfel mit Schale verwenden.
- Wer's nicht so süß braucht, nimmt weniger oder gar keinen Zucker.

DAS SAGT DIE OMA

- Wir essen den Hollerröster warm zu z. B. Topfennockerl oder -knödel.
- Man kann ihn aber auch kalt als Nachspeise (wie Kompott) essen.

GESUNDER TIPP

Wer generell wenig süß isst, kommt mit 50–70 g Zucker aus.

Krautrouladen

Pauline Lutz

8 Krautblätter
1 Knoblauchzehe
1 Zwiebel
500 g gemischtes Faschiertes
1 eingeweichte Semmel
Salz
Pfeffer
1 Schuss Weißwein
10 g Butter
½ Becher Obers
oder Sauerrahm
1 TL Mehl
Suppenwürze

Von den Krautblättern den Strunk entfernen, blanchieren, abtropfen lassen.
Knoblauch und Zwiebel fein hacken, in Fett goldgelb rösten. Mit Faschiertem und der zerdrückten eingeweichten und ausgedrückten Semmel vermischen, mit Salz und Pfeffer würzen.
Krautblätter mit Fülle bestreichen und einrollen. Eng nebeneinander in eine befettete Form schlichten.
Mit einem Schuss Wein aufgießen, mit Butterflocken belegen und im vorgeheizten Rohr bei 180 °C 20–30 Minuten backen.
Obers oder Rahm mit Mehl versprudeln, etwas Suppenwürze zugeben, die Rouladen damit untergießen und 10 Minuten im Rohr weiterdünsten.

Nährwerte pro Portion
437 kcal // 30 g Eiweiß // 27 g Fett // 16 g Kohlenhydrate // 3 g Ballaststoffe

DAS SAGT DIE OMA

- Dazu passt sehr gut Erdäpfelpüree.
- Statt der Kraut- kann man – im Winter – auch Kohlblätter verwenden.

GESUNDER TIPP

- Rahm statt Obers spart 25 g Fett pro halbem Becher.
- Die Butterflocken eventuell weglassen.
- In der vegetarischen Variante kann man statt Faschiertem gekochte Linsen, Grünkern, Buchweizen oder anderes – gut gewürztes – Getreide verwenden.

Kartoffelschnitzel mit Blaukraut

Imelda Fetz

½ kg Kartoffeln (mehlig)
1 große Karotte
350 g Mehl
1 Ei
Salz
Pfeffer
Petersilie (gehackt)

Blaukraut

1 kleiner Kopf Blaukraut
50 g Butter
1 EL Zucker
½ Zwiebel
1 EL Essig
1/16 l Rotwein
½ EL Mehl
1 Apfel
Salz
Kümmel (ganz)
Fett (zum Braten)

Kartoffeln in Wasser oder im Dämpfeinsatz je nach Größe zirka 30 Minuten kochen, schälen und mit der Kartoffelpresse passieren.
Karotte roh reiben.
Kartoffeln, Karottenraspeln, Mehl und Ei zu einem glatten Teig verarbeiten, mit Salz, Pfeffer und Petersilie würzen. Teig zu einer Rolle formen, davon Scheiben abschneiden. Mit dem Messer Laibchen formen und in Fett auf beiden Seiten anbraten.
Für das Blaukraut den Krautkopf vierteln, Strunk herausschneiden und das Kraut feinnudelig schneiden. Butter in einem großen Topf erhitzen, Zucker darin unter Rühren leicht karamellisieren, gehackten Zwiebel und Blaukraut zugeben, mit Essig und Rotwein ablöschen. Mit Mehl stauben und mit ¼ l Wasser aufgießen.
Apfel schälen und schneiden. Zum Kraut geben. Kraut mit Salz und Kümmel würzen und bei kleiner Hitze zugedeckt zirka 15–30 Minuten dünsten.

Nährwerte pro Portion

658 kcal // 16 g Eiweiß // 23 g Fett // 93 g Kohlenhydrate // 11 g Ballaststoffe

Gesunder Tipp

- Rapsöl ist wegen seiner Hitzebeständigkeit und Fettzusammensetzung besonders gut zum „gesunden“ Braten geeignet. Vollkornmehl macht das Gericht nährstoffreicher.
- Blaukraut gehört wegen der enthaltenen Inhaltsstoffe zu jenen Gemüsearten, denen vor Krebs schützende Wirkung nachgesagt wird.

Maria Heigl, Hochalm bei Lunz am See (NÖ)

Keinen Moment muss sie über die Frage nachdenken. „Ich koche gern!“ Ihr Gesicht strahlt. Schon als Kind richtete Maria lieber die Jause her, als mit den Schwestern Karten zu spielen.
„Ich habe mir aber nie vorstellen können, dass ich einmal bei Fremden kochen werde.“ Doch genau das wurde später ihr Beruf. Nach der Landwirtschaftslehre und einer Ausbildung in der Hauswirtschaftsschule Unterleiten war sie fünf Jahre lang Dorfhelferin. Bis zu ihrer Heirat arbeitete sie bei Bauernfamilien, wo die Mutter krank oder gestorben war. Sie ging in den Stall, kochte für die Familie und kümmerte sich um die Kinder. „Nur drei Wochen war man bei einer Familie, damit sich die Kinder nicht zu sehr an den Mutterersatz gewöhnten.“
Da hat sie erst so richtig kochen gelernt. „Denn in der Theorie klingt vieles so einfach, was in der Praxis ganz schön schwierig ist. Man kocht, während ein Kind auf den Topf muss, sich ein anderes in den Finger zwickt und das dritte Bauchweh hat.“ Für Maria war das eine wertvolle Erfahrung. „Mit einfachsten Dingen und Produkten hab ich da gekocht. Erdäpfel und was der Hausgarten hergab.“
Viele Rezepte hat sie auch aus dieser Zeit. „Ich hab alles aufgeschrieben, was mir geschmeckt hat.“ Maria verschwindet kurz in der Küche und bringt ihr in die Jahre gekommenes Büchlein. Sie wollte es schon einmal in dem Computer übertragen, ließ es dann aber. „Es wäre nicht das Gleiche. An dem Kochbuch hängen so viel Erinnerungen.“ Mit einem Lächeln streicht sie über den Umschlag. „Ich lese es wie einen Roman“.
Fürs Kochen braucht Maria ihr Kochbuch kaum. „Ich mach’ das nach Gesicht. Wenn ich wo drei Hand Mehl hinein gebe, dann habe ich keine Ahnung, wie viel das ist – abgewogen hab ich das noch nie.“ Sie lacht. Nur bei Torten und Mehlspeisen benutzt sie eine Waage.
„Kochen ist halt mein Hobby.“ Eines, dem sie jeden Tag nachgeht, wenn sie für die Großfamilie kocht. „Der Vorteil, wenn man selber kocht, ist “, verrät sie mit einem Schmunzeln, „dass man immer das auswählen kann, auf was man gerade selbst einen Gusto hat.“ Da kann sie auf das Karten Spielen gerne verzichten.

Krautschnitzel

Gerti Kucher

1 Kopf Weißkraut (zirka 800–1000 g), 1 Ei, Salz, Muskatnuss (gerieben), Petersilie (gehackt), Vollkorn-Semmelbrösel nach Bedarf (zirka 100–150 g), Öl zum Braten

Den Krautkopf vierteln, in kochendes Wasser geben und zugedeckt auf kleiner Flamme 10–15 Minuten weich kochen. In einem Sieb gut abtropfen lassen. Den Strunk entfernen, das Kraut fein hacken.
Ei, Salz, Muskatnuss und die gehackte Petersilie zum Kraut geben, so viele Brösel untermengen, dass die Masse bindet. Kurz ziehen lassen.
Kleine längliche Schnitzel (Laibchen) formen, in heißem Öl braten, auf Küchenpapier gut abtropfen lassen.

Nährwerte pro Portion

249 kcal // 8 g Eiweiß // 13 g Fett // 26 g Kohlenhydrate // 11 g Ballaststoffe

DAS SAGT DIE OMA

Wie bei „echten" Schnitzeln passt auch zu den Krautschnitzeln besonders gut Erdäpfelsalat.

GESUNDER TIPP

Braten am besten in wenig Rapsöl in einer beschichteten Pfanne.

Krautsuppe

Gerda Halaschek-Wiener

150 g Kartoffeln (mehlig), 60 g Zwiebel, 1 Knoblauchzehe (zerdrückt), 80 g Schmalz oder Butter, 500 g Weißkraut, Salz, Pfeffer, Kümmel (ganz), Suppenwürze, ½ Becher Sauerrahm

Kartoffeln schälen und würfelig schneiden. Zwiebel feinhacken.
Gemüse und Knoblauch in Fett 15 Minuten lang auf kleiner Flamme dünsten.
Kraut fein hobeln, zugeben. Mit Salz, Pfeffer und Kümmel würzen, mit 1 l Wasser aufgießen und mit Suppe würzen. 20–30 Minuten zugedeckt auf kleiner Flamme köcheln lassen.
Abschmecken und mit Sauerrahm verfeinern.

Nährwerte pro Portion

286 kcal // 4 g Eiweiß // 25 g Fett // 14 g Kohlenhydrate // 5 g Ballaststoffe

DAS SAGT DIE OMA

Wir haben zu dieser Suppe immer Brot gegessen.

GESUNDER TIPP

Rapsöl statt Schmalz verwenden. Schmalz ist zwar besser als sein Ruf, aber Rapsöl hat eine wesentlich bessere Fettsäurezusammensetzung.

Kriecherlmarmelade

Ingrid Ebenhöh

2 kg Kriecherl
knapp 1 kg Gelierzucker
Gläser mit Schraubdeckel

Kriecherl waschen und mit Kernen aufkochen, einige Minuten weichkochen, bis sie zu Brei werden. Durch ein großes Sieb drücken.
Die Masse zurück in einen Kochtopf geben, den Zucker unterrühren und offen köcheln lassen, bis die Masse geliert (zirka 6 Minuten). Dabei öfters umrühren.
Gläser und Deckel mit kochendem Wasser ausspülen, auf ein Geschirrtuch stürzen, kurz abtropfen lassen. Mit der Marmelade füllen, verschließen.

Nährwerte pro Portion (25 g)
41 kcal // 0 g Eiweiß // 0 g Fett // 10 g Kohlenhydrate // 0 g Ballaststoffe

Das sagt die Oma

- Die Marmelade ist auf jeden Fall ein Jahr haltbar.
- Ob die Marmelade fertig ist, zeigt die Gelierprobe: Etwas Fruchtmasse auf ein kaltes Teller träufeln. Wenn sie beim Erkalten fest wird, ist sie fertig.
- Meine Mutter hat die Marmelade immer mit herkömmlichem Zucker gemacht. Damit muss man sie aber stundenlang kochen, damit sie geliert.
- Ich mag Marmeladen nicht so süß, deshalb nehme ich immer zirka halb so viel Zucker wie Früchte (ohne Kern gewogen).

Gesunder Tipp

- Kriecherl, auch Kriechenpflaume oder Mirabelle genannt, sind gelbe Zwetschken.
- Mit Gelierzucker 3:1 kann man Zucker sparen. Die konservierende Wirkung erledigt das Kochen, auch deshalb ist nicht viel Zucker nötig.
- Gelierzucker ist nichts Unnatürliches: Er enthält Pektin – ein Geliermittel, das auch in Obst vorkommt, aber in größeren Mengen, damit die Marmelade schneller geliert.
- Kürbis wurde früher häufig an Tiere verfüttert, ist aber eine Bereicherung der menschlichen Ernährung: kalorienarm, aber reich an Beta-Karotin (Vorstufe von Vitamin A), Kalium und Eisen.

Kürbisgemüse

Gisela Rathmanner

1 kg Kürbis nach Verfügbarkeit und Geschmack (z. B. Muskatkürbis), Salz, 2 EL Öl, 2 EL Mehl (glatt), 1 Zwiebel, 1 TL Paprikapulver

Kürbis schälen und sehr grob reiben. In einer Schüssel einsalzen und einige Minuten stehen lassen.
Aus Öl und Mehl eine helle Einbrenn bereiten (siehe Grundrezept Seite 32), fein gehackten Zwiebel zugeben und mitrösten, bis er bräunlich wird. Paprikapulver zugeben und ganz kurz mitrösten.
Kürbis ausdrücken, Wasser auffangen. Ausgedrückten Kürbis zur Einbrenn geben, und unter ständigem Rühren zirka 5 Minuten dünsten. Je nach gewünschter Konsistenz Kürbiswasser nachgießen. Mit Salz abschmecken.

Nährwerte pro Portion

146 kcal // 4 g Eiweiß // 7 g Fett // 18 g Kohlenhydrate // 6 g Ballaststoffe

DAS SAGT DIE OMA

- Zum Kürbisgemüse passen Erdäpfel hervorragend.
- An „Fleischtagen" gibt's gekochtes Rindfleisch dazu.

GESUNDER TIPP

Wenn man Hokkaidokürbis verwendet, braucht man ihn nicht schälen. Damit erhöht sich der Ballaststoffgehalt. (Und der Arbeitsaufwand vermindert sich.)

Kürbisgulasch

Pauline Lutz

750 g Schweinsschulter, 1 große Zwiebel, 50 g Schmalz, 1 EL roter Paprika, 2 EL Apfelessig, 1 Paradeiser (blanchiert, enthäutet), 1 EL Paradeismark, Kümmel (ganz), Salz, Pfeffer, zirka 200 ml Suppe oder Wasser, 1 kg Kürbis, ¼ l Sauerrahm, 40 g Mehl (griffig)

Fleisch kleinwürfelig schneiden. Zwiebel fein hacken und in Schmalz anrösten. Fleisch mitrösten, bis es etwas Farbe annimmt. Die Hälfte des Paprikas und 1 EL Essig zugeben, ebenso den grob zerkleinerten Paradeiser, Paradeismark, Kümmel, Salz und Pfeffer. Mit 5 EL Suppe aufgießen und zugedeckt bei schwacher Hitze 25 Minuten dünsten. Kürbis schälen, Kerne entfernen, feinnudelig schneiden (oder mit der Küchenmaschine raspeln). Kürbis zum Fleisch geben, mit restlichem Paprika und Essig würzen. Mit Suppe aufgießen und alles weitere 10 Minuten weichdünsten. Sauerrahm mit Mehl verquirlen, ins Gulasch rühren und noch einige Minuten weiter kochen. Nachwürzen.

Nährwerte pro Portion

612 kcal // 45 g Eiweiß // 37 g Fett // 24 g Kohlenhydrate // 7 g Ballaststoffe

DAS SAGT DIE OMA

Dazu passen Kartoffel, die man roh schält und in Kümmelwasser weichkocht. Auf diese Art kann man auch Szegediner Gulasch zubereiten: Dafür nimmt man statt dem Kürbis Sauerkraut, das man kurz in einem Sieb mit reichlich Wasser spült.

GESUNDER TIPP

- Statt dem Schmalz könnte man Rapsöl verwenden.
- Wenn man Hokkaido-Kürbis verwendet, muss man ihn nicht schälen.

Kürbiskompott

Christine Sachslehner, aufgezeichnet von Christine Schindelegger

2½ kg Kürbis
1 große Zitrone (unbehandelt)
250 g Zucker (nach Belieben mehr oder weniger)
2 Zimtrinden
10 Gewürznelken
⅛ l Weißweinessig
Gläser mit Schraubdeckel

Kürbis schälen, Kerne entfernen und würfelig schneiden. Zitrone in Scheiben schneiden. Kürbis, Zitronenscheiben, Zucker, Zimtrinde und Gewürznelken in einen großen Topf geben. Essig mit der 10-fachen Menge Wasser vermischen, über den Kürbis gießen. Die Kürbisstücke sollten mit Flüssigkeit bedeckt sein. Über Nacht durchziehen lassen.
Am nächsten Tag den Kürbis aufkochen und zugedeckt kochen, bis die Kürbisstücke glasig (bissfest) sind. Zimtrinden entfernen.
Schraubgläser und Deckel mit kochendem Wasser ausspülen, auf ein Geschirrtuch stürzen und abrinnen lassen. Kürbiskompott noch heiß in die Gläser füllen, verschließen.

Nährwerte pro Portion (150 g)
79 kcal // 1 g Eiweiß // 0 g Fett // 17 g Kohlenhydrate // 1 g Ballaststoffe

Das sagt die Oma

- Kürbiskompott ist ein Jahr haltbar.
- Besonders gut eignen sich dafür die Sorten „großer Zentner“ und „Butternuss“.
- Dieses Gericht stammt von meiner Großmutter, die bereits in den 1930er-Jahren Kürbis verkocht hat, als er noch fast ausschließlich als Viehfutter verwendet wurde.
- Das Kürbiskompott kann für Obstsalat oder als Beilage zu Süßspeisen verwendet werden.
- Ich gebe die Kürbiswürferl auch gerne zusätzlich zur Mohnfülle in einen Strudel, das macht ihn sehr saftig.

Gesunder Tipp

Statt des Zuckers könnte man Honig probieren, der harmoniert gut mit dem Kürbis.

Pauline Lutz, Gumprechtsfelden (NÖ)

Saisonal und regional Kochen in Bio-Qualität ist für Pauline schon lange ein Thema. Sie und ihr Mann gehörten bereits seit 1979 zu den Pionieren unter Österreichs Bio-Landwirten. „Schon davor hatten wir einen Hausgarten und machten viel Vorratswirtschaft." Auf biologische Landwirtschaft stellten sie um, als sie Kühe beobachteten, die sich wie wild auf eine nicht intensiv bewirtschaftete Weide stürzten. Sie wunderten sich und bemerkten bald, dass die Kühe in der Folge viel gesünder waren. „Was zeigt, wie Ernährung auf den Körper wirkt!"

Mit zwölf durfte die leidenschaftliche Köchin das erste Mal allein an den Herd. „Das erste Hendl war innen noch roh und außen sehr braun." Sie lacht. „Meine Tante meinte dann einmal: Du kannst nicht immer nur Hendl, Schnitzel und Bratl machen. Du musst auch mal was Anderes als Sonntagsgerichte probieren." Das hätte sie wie ihre Mutter in der Haushaltsschule Unterleiten lernen sollen, doch ihre erste Schwangerschaft kam dazwischen. So verfeinerte sie ihre Küchenkünste durch Kochbücher und Ausprobieren. Eine Waage verwendet sie dabei fast immer.

Immer noch probiert sie viel Neues aus. „Wenn ich fernschaue, dann am liebsten Kochsendungen. Das ist fast eine Sucht", gibt sie zu. Ihre letzte Entdeckung – wo sie das Rezept fand, weiß sie nicht mehr – sind Hartweizengrießknödel. „Das Rezept ist im Bekanntenkreis schon im Umlauf."

Dem Wandel der Zeit mit seinen vielen Fertiggerichte kann sie nichts abgewinnen. „Ich koche mit frischen Zutaten. Da ich täglich zehn bis 15 Angestellte versorge, wäre das auch viel zu teuer." Pauline richtet sich ihre Brille, schaut ins Leere und fängt dann zu lachen an: „Ich weiß auch gar nicht, ob ich das überhaupt zubereiten könnte." Mikrowellenherd hat sie natürlich keinen.

Pauline wundert sich, was manche so in sich hineinstopfen. Erst kürzlich sah sie im Supermarkt junge Leute, die ihren Einkaufswagen nur mit Fertigerichten füllten. „Randvoll mit ungesunden Sachen." Sie schüttelt den Kopf: „Vielleicht sollte ich denen mal von unseren Kühen erzählen."

Roh geröstete Kartoffeln und Karotten mit Grünem Salat und Spiegelei

Anita Gransche-Stabenow

3 Karotten
3 EL Olivenöl
7 Kartoffeln (vorwiegend festkochend)
1 Zwiebel
1 Tomate
Salz
Pfeffer
1 Knoblauchzehe (zerdrückt)
2 EL Balsamicoessig
2 EL Olivenöl
1 EL Kürbiskernöl
1 Novita- oder Eichblattsalat
4 Eier
Butter zum Braten

Karotten schälen, würfeln und bei geringer Hitze in Olivenöl offen ein paar Minuten schmoren.
Kartoffeln schälen, halbieren, dann würfeln, zu den Karotten geben. Zwiebel hacken und ebenfalls zugeben. Bei mittlerer Hitze alles zusammen 15 Minuten zugedeckt dünsten, dazwischen immer wieder wenden. Zum Schluss Deckel für 5 Minuten wieder abnehmen, damit das Gemüse eine schöne hellbraune Kruste bekommt.
Für die Salatsoße Tomate waschen, Stielansatz entfernen, kleinschneiden, in eine Schüssel geben. Salz, Pfeffer, Knoblauch und Essig und Öle zugeben, ziehen lassen. Inzwischen Salat putzen, waschen und trocknen (am besten mittels Salatschleuder). Salat dann erst am Tisch mit der Marinade mischen.
In etwas Butter Spiegeleier braten, salzen, pfeffern und zum Karotten-Kartoffelgemüse servieren.

Nährwerte pro Portion

457 kcal // 13 g Eiweiß // 33 g Fett // 26 g Kohlenhydrate // 6 g Ballaststoffe

DAS SAGT DIE OMA

- Das gibt es bei uns ganz, ganz oft!
- Im Winter bereite ich dieses Gericht auch gerne zusätzlich mit Topinambur zu. Dafür Tompinambur gut schrubben, nicht schälen, fein würfeln und die letzten 10 Minuten mitdünsten.
- Das Gemüse passt auch gut zu Tafelspitz.

GESUNDER TIPP

Topinambur, Verwandte von Artischocke und Sonnenblume, enthalten den Ballaststoff Inulin, der bei vielen zu Blähungen führt. Für DiabetikerInnen ist er aber hervorragend geeignet, um den Blutzuckerspiegel günstig zu beeinflussen.

Panierter Zeller

Ingrid Ebenhöh

1 großer Zeller, Salz, 150 g Mehl, 1–2 Eier, 150 g Semmelbrösel, Fett zum Ausbacken

Zeller putzen, waschen und in 4 mm dicke Scheiben schneiden. In Salzwasser bissfest kochen, abtropfen. Anschließend in Mehl wenden, ins versprudelte Ei tauchen, in Semmelbröseln wälzen und in heißem Fett herausbacken, dabei einmal wenden.

Nährwerte pro Portion

513 kcal // 15 g Eiweiß // 24 g Fett // 58 g Kohlenhydrate // 13 g Ballaststoffe

Das sagt die Oma

Dazu am besten Grünen Salat servieren. Auch Dillsoße kalt oder warm passt gut.

Gesunder Tipp

- Man kann die „Zellerschnitzel" auch mit nicht vorgekochtem Zeller machen, der ist dann etwas bissfester.
- Zum Ausbacken am besten Rapsöl verwenden und nach dem Backen gut auf Küchenpapier abtropfen lassen. Dann hält sich der Fettgehalt in Grenzen.
- Statt der Semmelbrösel kann man auch Vollkornbrösel verwenden und die Panade zusätzlich aufwerten, indem man Sesam oder gehackte Walnüsse untermischt.
- Kürbisspalten kann man auch auf diese Art zubereiten.

Powidl

Gerda Halaschek-Wiener

5 kg Zwetschken, 100–500 g Zucker, ¼ l Apfelessig, Gläser mit Schraubdeckel

Zwetschken waschen, entkernen und in einen großen Topf geben. Zucker darüberstreuen, mit Essig übergießen und zugedeckt über Nacht stehen lassen.
Am nächsten Tag die Zwetscken zugedeckt auf kleiner Flamme 5 Stunden lang kochen. Danach gut verrühren. Schraubgläser und Deckel mit kochendem Wasser ausspülen und trocknen. Powidl heiß in die Gläser füllen, verschließen.

Nährwerte pro Portion (25 g)

17 kcal // 0 g Eiweiß // 0 g Fett // 4 g Kohlenhydrate // 1 g Ballaststoffe

Das sagt die Oma

- Powidl während des Kochens nicht umrühren, sonst brennt er an!
- 100 g Zucker braucht man mindestens, damit die Zwetschken Wasser lassen und nicht anbrennen. Wie viel man dann noch nimmt, hängt von der Süße der Zwetschken und dem eigenen Geschmack ab.
- Ich verwende Powidl als Beilage für Grießschmarren und als Fülle für Germteig (Powidlstrudel).
- Er ist auf jeden Fall ein Jahr haltbar.

Gesunder Tipp

Powidl enthält jede Menge Polyphenole – die Stoffe, die auch im Traubensaft und Rotwein enthalten sind und zu den stärksten Radikalfängern gehören.

Polenta mit Birnen

Irena Bruckmüller

800 ml Milch-Wasser-Mischung (1:1)
400 g Polenta
1 kg Birnen
100 g Zucker
75 g Butter

Milch-Wasser-Mischung aufkochen, Polenta einrieseln lassen und unter ständigem Rühren kochen, bis sie aufgeht.
Birnen schälen, entkernen und reiben. Mit dem Zucker vermischen.
Die Hälfte der Polentamasse auf ein mit Backpapier ausgelegtes Backblech streichen, die Birnen und anschließend die restliche Polenta darüber schichten.
Mit Butterflocken belegen und im vorgeheizten Rohr bei 180 °C zirka 30 Minuten goldgelb backen.

Nährwerte pro Portion
519 kcal // 7 g Eiweiß // 20 g Fett // 79 g Kohlenhydrate // 8 g Ballaststoffe

Das sagt die Oma

Auch das ist ein typisches slowenisches Rezept. Vor allem im Küstenland und im Übermurgebiet (Grenzland zu Ungarn) wurde und wird viel Polenta gegessen.

Gesunder Tipp

- Wem die Birnen süß genug sind, der kann auf einen Teil des Zuckers verzichten.
- Auch die Butterflocken zum Schluss kann man beliebig in der Menge reduzieren.

Roter Rübensalat

Gisela Rathmanner

Rote Rüben, Essig, Wasser, Kümmel, Salz, Zucker, saubere Gläser mit Schraubdeckel

Schraubgläser und -deckel mit kochendem Wasser auswaschen, trocknen.
Rote Rüben im Ganzen in reichlich Wasser weich kochen. (Das dauert je nach Größe bis zu einer Stunde. Im Druckkochtopf geht's schneller.)
Danach schälen (mit Handschuhen!) und blättrig schneiden. In die Schraubgläser füllen.
Aus Essig, Wasser, Kümmel, Salz und Zucker nach Geschmack eine Marinade bereiten. Die roten Rüben in den Schraubgläsern damit übergießen. Gläser verschließen.
Schraubgläser im Dunsthäfen oder im Wasserbad bei 70–75 °C je nach Größe zirka 15–20 Minuten pasteurisieren (siehe Anleitung Seite 21).

Nährwerte pro Portion (150 g)
45 kcal // 0 g Eiweiß // 0 g Fett // 9 g Kohlenhydrate // 1 g Ballaststoffe

DAS SAGT DIE OMA

- Ich habe zum Pasteurisieren immer ein „Dunsthäfen" verwendet – ein großer Topf mit einer Art Rost, in dem die Gläser im Dampf (Dunst) stehen und so pasteurisiert werden.
- Der Salat ist dann zirka ein Jahr haltbar.

GESUNDER TIPP

Roter Rübensalat, im Herbst eingekocht, sorgt für Alternativen im salatarmen Winter.

Russenkraut

Maria Heigl

1 kg Weißkraut, ½ kg Gurken, ¾ kg Zwiebel, ½ kg grüne Paradeiser, ¼ kg Paprika, 2 Karotten, Salz, ½ l Weinessig, 500 g Zucker, Einlegegewürz (Fertigmischung), Lorbeerblatt, Schraubgläser mit Deckel

Alles Gemüse waschen. Kraut und Gurken hobeln, Zwiebel und Paradeiser feinblättrig, Paprika feinnudelig schneiden, Karotten reißen. Alles mit Salz vermischen und einige Stunden stehen lassen. Auspressen.
Den Essig mit der doppelten Menge Wasser verdünnen, gemeinsam mit Zucker und den Gewürzen aufkochen, heiß über das Gemüse gießen und gut vermischen.
Das Russenkraut in Gläser füllen, mit Essigwasser auffüllen und verschließen.
Im Rexhäfen 10 Minuten bei 80 °C pasteurisieren. (Wer keines hat, macht's anders, siehe Anleitung Seite 21).

Nährwerte pro Portion (150 g)
82 kcal // 1 g Eiweiß // 0 g Fett // 18 g Kohlenhydrate // 2 g Ballaststoffe

DAS SAGT DIE OMA

- Das Kraut ist zirka zwei Jahre haltbar.
- Russenkraut schmeckt wie Pusztasalat und schmeckt gut zu einer kalten Jause oder als Salat im Winter.

Rübengemüse

Gisela Rathmanner

1 kg Halmrüben
½ TL Kümmel
½ TL Pfefferkörner
Salz
2 EL Öl
2 EL Mehl (glatt)
1 Knoblauchzehe (zerdrückt)

Rüben schälen und sehr grob reiben oder in Stifte schneiden. Kosten, wenn sie sehr bitter sind, kurz mit kochendem Wasser überbrühen und abseihen, das eventuell mehrmals wiederholen.
Rüben in mit den Gewürzen versetztem Salzwasser zugedeckt je nach Größe der Stücke bis zu 20 Minuten dünsten. Überschüssiges Wasser abseihen, aber auffangen.
Aus Öl und Mehl eine helle Einbrenn bereiten (siehe Grundrezept Seite 32), zerdrückten Knoblauch beigeben und kurz mitrösten, eventuell mit Kochwasser etwas aufgießen.
Die Einbrenn zu den Rüben geben, gut durchmischen und mit Salz abschmecken.

Nährwerte pro Portion
144 kcal // 3 g Eiweiß // 7 g Fett // 18 g Kohlenhydrate // 9 g Ballaststoffe

Das sagt die Oma

- Kaum jemand isst heutzutage noch Rüben. Schade, denn sie schmecken wirklich gut!
- Man kann dieses Gericht auch mit Kohlrabi zubereiten.
- Eine weitere Variante gibt es mit Paradeisern, sie wird zubereitet wie Paradeiskraut (siehe Rezept Seite 105).
- Wieder einmal passen Erdäpfel in allen Variationen dazu.

Gesunder Tipp

- Zum Kochen möglichst wenig Wasser nehmen, damit man nichts davon abgießen muss. Dann bleiben alle Mineralstoffe erhalten.
- Halmrüben sind ein altes Wurzelgemüse und eng verwandt mit Kohl. Vor dem großflächigen Anbau von Erdäpfeln waren sie in Europa die wichtigste Hackfrucht.

Selbstgemachte Suppenwürze

Irena Bruckmüller

1 kg Tomaten
½ kg Zwiebeln
½ kg Lauch
½ kg Sellerie
½ kg Karotten
¼ kg Petersilwurzel
¼ kg Salz
Gläser mit Schraubdeckel

Alles Gemüse waschen, putzen, eventuell schälen. Durch den Fleischwolf der Küchenmaschine drehen und in einer großen Schüssel gut verrühren.
Gläser und Deckel mit kochendem Wasser ausspülen, trocknen.
Gemüse-Salz-Paste in die Gläser füllen und im Kühlen aufbewahren.

Nährwerte pro EL (15 g)
3 kcal // 0 g Eiweiß // 0 g Fett // 1 g Kohlenhydrate // 0 g Ballaststoffe

Das sagt die Oma

- Diese Würze wird kalt eingemacht, konserviert wird sie durch das Salz. Man muss aber unbedingt sehr sauber arbeiten.
- Sie kann für Suppen, aber auch sonst zum Würzen beim Kochen für sämtliche Gemüse- und Fleischspeisen verwendet werden.

Gesunder Tipp

Sollte die Suppenwürze doch schimmlig werden, unbedingt den Inhalt des ganzen Glas wegschütten. Der Schimmelpilz zieht sich durch die ganze Masse und bildet sein Gift auch dort, wo man ihn nicht sieht.

Stöcklkraut

Maria Heigl

1 Kopf Weißkraut, Salz, 1 TL Kümmel, ¼ l Selchfleischsuppe, 2 EL Bratenfett

Krautkopf sechsteln, Strunk entfernen.
Das Kraut im Dämpfeinsatz über Salzwasser mit Kümmel zugedeckt sehr weich kochen (zirka 30 Minuten). Kochwasser abseihen. Selchfleischsuppe und Bratenfett wärmen und zum Würzen über das Kraut gießen.

Nährwerte pro Portion

76 kcal // 1 g Eiweiß // 7 g Fett // 2 g Kohlenhydrate // 2 g Ballaststoffe

Das sagt die Oma

- Das Stöcklkraut ist eine Gemüsebeilage und wird zu gekochtem Geselchten, Ripperln oder auch Kurzgebratenem serviert. Man kann es aber auch als Hauptspeise mit gekochten Erdäpfeln essen.
- Wir nennen es auch „schlampiges Kraut". Meine Erklärung dafür ist, dass man es nur „schlampig" schneidet, also nicht fein-nudelig, sondern nur grob in sechs Spalten.
- Selchfleischsuppe gibt's natürlich nicht in jedem Haushalt. Man kann stattdessen auch eine kräftige Rinds- oder Gemüsesuppe verwenden.

Gesunder Tipp

Die gesündere Variante dieser Gemüsebeilage ist ohne Bratenfett.

Zeller-Erdäpfelsalat

Ingrid Ebenhöh

1 mittelgroße Sellerieknolle, 500 g Erdäpfel (speckig), Essig nach Belieben, 2 EL Öl, Salz

Sellerie halbieren und die Hälften ungeschält in Salzwasser zirka 30 Minuten bissfest kochen. Auskühlen lassen, schälen und hacheln oder in dünne Scheiben schneiden. Erdäpfel mit Schale im Dämpfeinsatz auf kleiner Flamme zugedeckt je nach Größe zirka 30 Minuten kochen, schälen, ebenfalls in Scheiben schneiden. Mit Essig, Öl und Salz marinieren. Zeller zugeben und nochmals abschmecken.

Nährwerte pro Portion

155 kcal // 5 g Eiweiß // 7 g Fett // 18 g Kohlenhydrate // 10 g Ballaststoffe

Das sagt die Oma

Dieser Salat weckt bei mir Kindheitserinnerungen: Mein Vater hat ihn so gerne gegessen.

Zwetschkenröster

Christine Sachslehner, aufgezeichnet von Christine Schindelegger

2½ kg Zwetschken
250 g Zucker (je nach Süße der Zwetschken auch mehr oder weniger)
2 cl Rum
10 Gewürznelken
2 Zimtrinden
Gläser mit Schraubdeckel

Zwetschken waschen, entkernen, mit Zucker, Rum, Gewürznelken und Zimtrinden nach Belieben vermengen. Über Nacht durchziehen lassen.
Zum Kochen wenig Wasser zugeben, aufkochen, zirka 5 Minuten kochen lassen. Zimtrinden entfernen.
Schraubgläser und Deckel mit kochendem Wasser ausspülen. Zwetschkenröster heiß in die Gläser füllen, verschließen.

Nährwerte pro Portion (150 g)
115 kcal // 1 g Eiweiß // 0 g Fett // 25 g Kohlenhydrate // 3 g Ballaststoffe

DAS SAGT DIE OMA

- Der Röster ist zirka ein Jahr haltbar.
- Zwetschkenröster ist eine gute Beilage zu Kaiser-, Topfen- oder Apfelschmarren und auch zu Topfennockerl oder -knödel.
- Genauso kann man auch Marillenröster zubereiten.

GESUNDER TIPP

Im Sinne der Vollwertkost wäre Rohzucker besser als weißer oder sogar Honig.

WINTER

Französischer Salat

Leopoldine Gindl, aufgezeichnet von Herta Rathmanner

Für 6 Portionen
200 g Erdäpfel
100 g Zeller
200 g Karotten
Salz
200 g Erbsen (evtl. tiefgekühlt)
1 großer säuerlicher Apfel
2–3 Essiggurkerl (süß-sauer)

Majonäse
1 Dotter
1 TL Senf
1 EL Zitronensaft oder Essig
Salz
⅛ Liter Rapsöl
Salz
Pfeffer
evtl. Gurkerlessig

Erdäpfel, Zeller und Karotten schälen. Alles in ½ cm große Würfel schneiden. In ganz wenig Salzwasser zirka 7 Minuten zugedeckt bissfest dünsten. Die Erbsen nach 5 Minuten Kochzeit zugeben (tiefgekühlte früher). Zum Schluss den Deckel abnehmen und Wasser verdampfen lassen. (So bleiben alle Mineralstoffe drin.)
Den Apfel schälen, entkernen und ebenfalls in kleine, Essiggurkerl in noch kleinere Würfel schneiden.
Majonäse: Dotter, Senf, Zitronensaft und Salz mit dem Mixer oder mit dem Pürierstab verrühren. Dann das Öl tröpfchenweise einlaufen lassen und so lange rühren, bis das ganze Öl untergemischt ist.
(Sollte die Majonäse gerinnen, 1 EL kochend heißes Wasser rasch einrühren.)
Gemüse- und Apfelwürfel mit der Majonäse vermischen. Mit Salz, Pfeffer und eventuell Gurkerlessig abschmecken.

Nährwerte pro Portion
269 kcal // 4 g Eiweiß // 22 g Fett // 13 g Kohlenhydrate // 5 g Ballaststoffe

Gesunder Tipp

- Natürlich ist Majonäse fett. Mit Rapsöl zubereitet ist sie allerdings „gesund fett". Weil bekanntlich die Dosis das Gift macht, spricht nichts dagegen, sie hin und wieder zu genießen.
- Wer's leichter mag, verwendet weniger Majonäse und streckt sie mit Jogurt.
- Achtung auf jeden Fall wegen des rohen Dotters! Der Salat sollte sofort gegessen werden, er ist nicht haltbar.

Das sagt die Oma

Der Französische Salat ist bei uns immer noch fixer Bestandteil der kalten Platte am Heiligen Abend.

Gebackene Kartoffelnudeln

Eva-Maria Micko

½ kg Kartoffen (mehlig)
1 Ei
120 g Mehl (griffig)
Salz
Muskatnuss
Fett für die Form
zerlassene Butter zum Bestreichen
1 Becher Rahm

Für den Teig Kartoffeln mit der Schale in Wasser oder im Dämpfeinsatz je nach Größe zugedeckt zirka 30 Minuten kochen. Schälen und noch heiß durch die Kartoffelpresse drücken. Ausdampfen lassen.
Aus den Kartoffeln mit Ei, Mehl, Salz und wenig geriebener Muskatnuss mit der Hand einen Teig kneten.
Daraus eine fingerdicke lange Nudel rollen. Diese in Schlangenlinien in ein gefettetes Kasserol oder eine Auflaufform legen und mit geschmolzener Butter bestreichen. Im auf 200 °C vorgeheizten Backrohr zirka 45 Minuten goldgelb und knusprig backen.
Rahm versprudeln, über die noch heißen überbackenen Nudeln gießen und im Rohr stocken lassen.

Nährwerte pro Portion
324 kcal // 9 g Eiweiß // 15 g Fett // 38 g Kohlenhydrate // 4 g Ballaststoffe

DAS SAGT DIE OMA

- Dazu passt Sauerkraut oder Salat.
- In meiner Kindheit war das immer ein „Wintergericht“. Wenn sie uns eine Freude machen wollte, hat meine Mutter Frankfurter in kleine Stücke geschnitten und mit Kartoffelteig umwickelt.
- Das Ausdampfen der gepressten Erdäpfel vor dem Weiterverarbeiten verhindert, dass der Teig speckig wird.

Gebundene Gemüsesuppe

Leopoldine Gindl, aufgezeichnet von Herta Rathmanner

- 2–3 Erdäpfel (mehlig)
- 100 g Zeller
- ½ Stange Lauch
- 2–3 Karotten
- 1 l Gemüsesuppe
- Majoran (getrocknet)
- 100 g Erbsen (evtl. tiefgekühlt)
- 1 EL Essig
- Pfeffer
- evtl. 2 EL Sauerrahm

Erdäpfel und Zeller schälen, Lauch putzen, Karotten waschen, nicht schälen. Das Gemüse nicht allzu klein schneiden.

Suppe aufkochen, Gemüse und Majoran zugeben und zugedeckt bei kleiner Hitze je nach Größe der Gemüsestücke zirka 10 Minuten kochen. Danach mit dem Mixstab je nach Geschmack mehr oder weniger fein pürieren. (Wer mag, lässt einige Gemüsestücke drin.) Erbsen zugeben und noch einmal aufkochen. (Tiefgekühlte Erbsen noch einige Minuten kochen.)

Suppe mit Essig abschmecken, mit frisch gemahlenem Pfeffer und eventuell etwas Rahm verfeinern.

Nährwerte pro Portion

115 kcal // 6 g Eiweiß // 2 g Fett // 17 g Kohlenhydrate // 7 g Ballaststoffe

Das sagt die Oma

- Mit einem Stück Brot ist diese Suppe eine schnelle und sättigende Mahlzeit.
- Wer mag, kann zu Beginn den Lauch in etwas Öl hellbraun rösten, das gibt der Suppe einen noch feineren Geschmack.

Gesunder Tipp

- Ein gutes Beispiel dafür, dass gebundene Suppen keine Einbrenn benötigen: Die Erdäpfel erledigen die Bindung.
- Gesundheitlich und geschmacklich kann man die Suppe mit einem Teelöffel kaltgepresstem Öl pro Portion aufpeppen: z. B. Lein-, Kürbiskern- oder Arganöl.

Kletzenbrot

Christine Sachslehner, aufgezeichnet von Christine Schindelegger

1 Pkg. Germ
¾ l Wasser
1 kg Roggenmehl
Salz
Anis
300 g Kletzen (gedörrte Birnen)
200 g gedörrte Zwetschken
1 Kranz getrocknete Feigen
1 Handvoll Rosinen
200 g Walnüsse
evtl. Aranzini
1–2 EL Zucker
Zimt
Zeltengewürz
2 EL Obstler oder Rum

Germ in lauwarmem Wasser auflösen. Mehl in eine Schüssel geben, Salz und Anis zugeben, die Wasser-Germ-Mischung dazuleeren und zu einem Brotteig verkneten. An einem warmen Ort zugedeckt 30–45 Minuten gehen lassen.
Inzwischen Kletzen faschieren, Zwetschken, Feigen und Rosinen ganz fein schneiden, Walnüsse grob hacken. Trockenfrüchte, Nüsse, eventuell Aranzini mit Zucker, Zimt, Zeltengewürz und Alkohol vermischen. Diese Mischung unter den Brotteig kneten und alles noch einmal zirka 30–45 Minuten gehen lassen.
Aus dem Teig Striezerl formen, auf ein mit Backpapier ausgelegtes Backblech legen und ins auf 250 °C vorgeheizte Rohr stellen. Nach 20 Minuten auf 160–170 °C zurückschalten und die Kletzenbrote weitere 50–60 Minuten backen.

Nährwerte pro Stück
213 kcal // 4 g Eiweiß // 1 g Fett // 46 g Kohlenhydrate // 6 g Ballaststoffe

DAS SAGT DIE OMA

- Kletzen sind gedörrte Birnen – nicht wegzudenken aus dem Mostviertel mit seinen vielen Birnbäumen.
- Zeltengewürz enthält Sternanis. Meine Mutter schwört beim Kletzenbrot darauf!
- Man kann zum Roggenmehl auch Weizen- oder Dinkelvollkornmehl mischen.

GESUNDER TIPP

Kletzenbrot ist eine der gesündesten Weihnachtsbäckereien. Die Süße stammt fast ausschließlich aus den Trockenfrüchten, die auch viele Mineralstoffe enthalten.

Christine Schindelegger präsentiert die Rezepte ihrer Mutter Christine Sachslehner, Buch (NÖ)

Ob ihre Kochkünste geschätzt waren? Mutter Christine lacht. „Es ist immer gegessen worden."
Jetzt lacht auch ihre älteste Tochter Christine: „Ja, aber wir haben sicher nicht immer ‚Danke' gesagt."
Die Mutter kocht noch immer, und das gerne. In der Haushaltsschule in Sitzenberg war Ernährungslehre/Kochen ihr Lieblingsfach, auch als sie fünf Jahre unterrichtete. Obwohl sie erst mit 14 Kochen gelernt hat, als sie bei einer Bäuerin zu arbeiten begonnen hat. Sie lacht. „Einmal hab ich die Nudeln schon in die Suppe gegeben, obwohl die Knochen noch nicht abgeseiht waren." Sie durfte oft kochen, „was gut war, denn nur vom Zuschauen lernt man nichts." Ihre Tochter Christine dagegen musste oft kochen. „Schon mit zehn, wenn meine Mutter am Feld war." Kochen hat diese aber nie gestört, und jetzt mag sie es. „Ich entscheide gern selbst, was und wie ich koche."
In der Schule lernte die Mutter bereits, dass zu viel Fleisch ungesund ist. Sie mochte daher ihren großen Garten. „Ich hatte Erdäpfel, Kohlrabi, Zwiebel, auch schon Kürbis, den ich zu Kompott machte." Paradeiser und Gurken kamen dazu, viel später auch Zucchini und Broccoli. Die meisten ihrer Rezepte hat sie von Bäuerinnen, ihrer Mutter und aus Kochbüchern.
Sie lernte noch Sparküche, Kriegsrezepte und viele Methoden des Haltbarmachens – ohne Kühltruhe.
Sie verwendet heute wieder weniger Schmalz und weniger Zucker. „Ich muss zugeben, vieles ist so sogar besser." Eine Waage braucht sie nicht. Nie. Sie lächelt. „Ich verwende zum Abmessen höchstens Esslöffel. Einen von den großen, alten."
Was sowohl Mutter als auch Tochter nicht mögen sind exotische Speisen und Fertiggerichte. Die Mutter probierte schon mal Erdäpfelpüree aus Flocken, „aber nur einmal". Sie lacht.
Was die Tochter von der Mutter habe? Christine Schindelegger amüsiert die Frage. „Viele Rezepte. Und dass ich das verkoche, was gerade da ist. Bei Aufläufen z. B. hab ich gar kein Rezept, weil sich die Zutaten nach dem Garten richten." Ihre Tochter Veronika verlieh ihr einen Goldenen Kochlöffel . „Fürs perfekte Unterjubeln von dem, was ich gerade zur Hand hatte."

Kohl nach Hausfrauenart

Pauline Lutz

1 kleiner Kohlkopf, ½ kg Erdäpfel (speckig), 1 Zwiebel, 1 Knoblauchzehe, 80 g Butter, ½ Suppenwürfel (oder entsprechende Menge Suppenwürze), Salz, Pfeffer, Majoran, Petersilie

Strunk vom Kohl ausschneiden, Blätter in Streifen schneiden und in heißem Wasser kurz blanchieren.
Erdäpfel schälen und in kleine Würfel schneiden.
Zwiebel und Knoblauch fein hacken, in Butter rösten.
Kohl und Erdäpfel zugeben, mit etwas Wasser aufgießen, mit Suppenwürfel, eventuell Salz, Pfeffer und Majoran würzen.
Zugedeckt bei geringer Hitze solange kochen, bis Kohl und Erdäpfel weich sind (zirka 15 Minuten). Zum Schluss die gehackte Petersilie einrühren.

Nährwerte pro Portion
288 kcal // 5 g Eiweiß // 17 g Fett // 27 g Kohlenhydrate // 9 g Ballaststoffe

GESUNDER TIPP

- Man nimmt besser Rapsöl statt Butter, außerdem sind 2 EL auch genug.
- Kohl wird häufig als „Anti-Krebsgemüse" bezeichnet, da die enthaltenen Senföle im Tierversuch entsprechende Wirkungen gezeigt haben. Außerdem ist Kohl reich an Vitaminen und Mineralstoffen.
- Am besten schmeckt er übrigens, wenn er einen Frost „erlebt" hat.

Kohllaibchen

Christine Sachslehner, aufgezeichnet von Christine Schindelegger

1 kleiner Kohlkopf, Kümmel, 1 Semmel, 1 Zwiebel, 1 Knoblauchzehe, 250 g Faschiertes, 1 Ei, Majoran, Salz, Pfeffer, Semmelbrösel nach Bedarf, Rapsöl zum Braten

Kohl fein schneiden und mit Kümmel in wenig Wasser zugedeckt zirka 15 Minuten weichdünsten.
Semmel in Wasser einweichen, ausdrücken, in einer Schüssel grob zerteilen.
Zwiebel feinwürfelig schneiden, Knoblauch zerdrücken.
Alle Zutaten außer den Semmelbröseln wie bei der Zubereitung von Fleischlaibchen vermischen, mit Salz und Pfeffer abschmecken.
Aus der Masse Laibchen formen, diese in Semmelbrösel wälzen und in einer beschichteten Pfanne in wenig Öl langsam ganz durchbraten. (Das Faschierte darf nicht roh bleiben!)
Auf Küchenpapier abtropfen lassen.

Nährwerte pro Portion
370 kcal // 28 g Eiweiß // 20 g Fett // 20 g Kohlenhydrate // 8 g Ballaststoffe

DAS SAGT DIE OMA

- Am besten schmecken dazu natürlich Erdäpfelpüree und Salat.
- Meine Mutter hat dieses Rezept immer gemacht, wenn sie Reste vom Kohl hatte.

GESUNDER TIPP

Dieses Gericht ist ein schönes Beispiel, wie man ein deftiges Fleischgericht mit Gemüse „entschärfen" kann.

Kohlsuppe

Christine Sachslehner, aufgezeichnet von Christine Schindelegger

1 kleines Häuptel Kohl, Kümmel (ganz), 30 g Butter, 1–2 EL Mehl, Bio-Gemüsesuppenwürze, Salz

Kohl fein schneiden, mit reichlich Kümmel in 1 Liter Wasser zugedeckt zirka 15 Minuten weichdünsten.
Butter schmelzen, Mehl zugeben und eine Einbrenn bereiten (siehe Grundrezept Seite 32). Kohl und Kochwasser zugeben, mit einem Schneebesen gut versprudeln, kurz aufkochen lassen, mit Suppenwürze und Salz abschmecken.

Nährwerte pro Portion

133 kcal // 8 g Eiweiß // 8 g Fett // 7 g Kohlenhydrate // 7 g Ballaststoffe

Krautfleckerl

Eva-Maria Micko

¾ kg Weißkraut, Salz, 4 EL Öl oder 80 g durchwachsener Speck, 1 EL Zucker, Pfeffer, 400 g Fleckerl

Kraut fein schneiden, salzen und 10 Minuten stehen lassen. Öl oder feinwürfelig geschnittenen Speck in einer breiten Pfanne erhitzen, Kraut darin anlaufen lassen.
Mit Zucker und Pfeffer abschmecken und weichdünsten.
Fleckerl in reichlich Salzwasser bissfest kochen, abseihen, kalt abschrecken und unter das Kraut mischen.

Nährwerte pro Portion

509 kcal // 13 g Eiweiß // 17 g Fett // 74 g Kohlenhydrate // 7 g Ballaststoffe

Das sagt die Oma

- Dazu passen gekochte Erdäpfel.
- Meine Mutter sagt, heutzutage gibt sie noch geröstete Speckwürferl in die Suppe. Früher hat sie das nie gemacht …

Gesunder Tipp

- Kohl ist ein Gemüse, das nicht alle gut vertragen. Der Kümmel verbessert aber die Verdaulichkeit.
- Statt der Butter könnte man aus gesundheitlichen Gründen Rapsöl verwenden.

Das sagt die Oma

Wenn das Kraut noch sehr weich ist (wie z. B. Frühkraut im Sommer) salze ich es nicht im Vorhinein.

Maria Heigl:
Bei mir kommen noch ein Schuss Essig und etwas Kümmel in die Krautfleckerl.

Gesunder Tipp

Vollkorn-Krautfleckerl schmecken noch herzhafter – und haben auch viel mehr Ballaststoffe.

Roher Sauerkrautsalat

Anita Gransche-Stabenow

½ kg Sauerkraut (frisch), 250 g süße Sahne, 100 g Walnüsse, gehackt, Salz, Pfeffer

Kraut, wenn es sehr wässrig ist, abtropfen lassen. Mit der Sahne und den Walnüssen vermischen. Mit Salz und Pfeffer würzen.
Mindestens drei Stunden ziehen lassen.

Nährwerte pro Portion

365 kcal // 7 g Eiweiß // 35 g Fett // 6 g Kohlenhydrate // 6 g Ballaststoffe

Das sagt die Oma

- Dieser Salat schmeckt zu Bratkartoffeln und auch zum Abendbrot.
- Man kann ihn noch mit klein geschnittenen Mandarinen ergänzen.

Gesunder Tipp

- Walnüsse sind eine der besten nicht-tierischen Omega-3-Fettsäurequellen und damit eine gute Alternative (oder Ergänzung) zu Fisch.
- Ab und zu Sauerkraut roh zu essen, ist vor allem im Winter eine hervorragende Idee: Das reichlich enthaltene Vitamin C ist nämlich hitzeempfindlich und im rohen Kraut daher in viel größerer Menge enthalten.

Roher Selleriesalat

Anita Gransche-Stabenow

1 Sellerieknolle, Saft einer Zitrone, Salz, 1 Becher saure Sahne, 100 g Walnüsse, gehackt, Weißweinessig zum Abschmecken, ⅛ l süße Sahne

Sellerie schälen und fein reiben. (Das geht am besten mit der Küchenmaschine.) Zitronensaft und Salz untermischen, eine Stunde durchziehen lassen.
Danach saure Sahne und Walnüsse zugeben, mit Weißweinessig und süßer Sahne abschmecken.
Immer wieder gut umrühren, bis alles schön durchgezogen ist.

Nährwerte pro Portion

357 kcal // 8 g Eiweiß // 32 g Fett // 10 g Kohlenhydrate // 5 g Ballaststoffe

Das sagt die Oma

- Dieser Salat muss gut mit Zitronensaft durchziehen, dann schmeckt er erst richtig gut.
- Schmeckt gut abends zu geräucherter Forelle, als Ergänzung zu anderen Vorspeisensalaten oder als Beilage zu Schnitzel oder Bratkartoffen.

Laucheintopf

Pauline Lutz

1 Zwiebel
20 g Butter
1 kg Erdäpfel (speckig)
1 kg Lauch
1 l Suppe zum Aufgießen
Salz
Peffer
2 Knackwürste

Zwiebel nudelig schneiden, in Butter hellbraun rösten.
Geschälte, würfelig geschnittene Erdäpfel zugeben. Lauch putzen, waschen, in 3 cm lange Stücke schneiden und ebenfalls zugeben.
Mit Suppe aufgießen, salzen, pfeffern und auf kleiner Flamme zugedeckt zirka 15 Minuten dünsten. Wenn das Gemüse fast weich ist, gibt man die grob geschnittenen Knackwurststücke darauf und lässt sie heiß werden.

Nährwerte pro Portion

437 kcal // 20 g Eiweiß // 19 g Fett // 45 g Kohlenhydrate // 12 g Ballaststoffe

Gesunder Tipp

- Natürlich kann man den Laucheintopf auch ganz vegetarisch mit Räuchertofu machen,
- Lauch gehört zu den besonders gesunden Gemüsesorten: reich an Vitaminen (C, K, Folsäure), Mineralstoffen (Kalium, Magnesium, Eisen, Mangan) und sekundären Pflanzenstoffen, die möglicherweise krebsvorbeugende Wirkung haben.

Roher Rote-Beete-Salat mit Sonnenblumenkernen

Anita Gransche-Stabenow

600 g Rote Beete, Saft einer Zitrone, Salz, 5 EL Sonnenblumenkerne, 1 EL Olivenöl, Balsamicoessig, Pfeffer, 2 EL Kürbiskernöl

Rote Beete schälen und fein raspeln (dafür Handschuhe anziehen!). Mit Zitronensaft und Salz vermischen, eine Stunde ziehen lassen.
Sonnenblumenkerne in Olivenöl goldbraun rösten, heiß über den Salat geben und noch einmal ziehen lassen.
Mit Balsamicoessig, Salz und Pfeffer abschmecken und mit Kürbiskernöl verfeinern.

Nährwerte pro Portion

256 kcal // 7 g Eiweiß // 18 g Fett // 16 g Kohlenhydrate // 5 g Ballaststoffe

DAS SAGT DIE OMA

- Dieser Salat schmeckt auch mit Pinienkernen. (Die sind aber teurer.)
- Wenn man noch ein bisschen saure Sahne unterrührt, wird der Salat ganz schön rosa. Damit kann man Kinder gut locken.

Polenta-Kohl-Knödel

Eva-Maria Micko

12 Knöderl 20 g Butter, Salz, 100 g Maisgrieß, ¼ kg Kohl, 3 EL Rapsöl, 1 Knoblauchzehe, Pfeffer, 2 Dotter, 2 EL Mehl, 2 EL Parmesan (gerieben), 3 EL Kürbiskerne (gehackt), 1 EL Butter

¼ l Wasser mit Butter und 1 TL Salz aufkochen, Maisgrieß einrühren und einige Minuten dick einkochen, vom Herd nehmen, abkühlen lassen.
Kohl in sehr feine Streifen schneiden, in 3 EL Öl zugedeckt bei kleiner Hitze weichdünsten, eventuell Wasser zugießen. Mit zerdrücktem Knoblauch, Salz und Pfeffer würzen und abkühlen lassen.
Polenta mit einer Gabel auflockern, Dotter einrühren. Kohl, Mehl und Parmesan untermischen und mit Salz und Pfeffer abschmecken. Aus der Masse Knödel formen und in Salzwasser zirka 10 Minuten offen köcheln lassen.
Kürbiskerne in Butter rösten, die Knödel darin wälzen.

Nährwerte pro Portion

377 kcal // 10 g Eiweiß // 22 g Fett // 33 g Kohlenhydrate // 8 g Ballaststoffe

DAS SAGT DIE OMA

- Dazu passt Tomatensoße (siehe Rezept Gefüllte Paprika, Seite 95).
- Statt dem Kohl kann man auch kleingeschnittenen Blattspinat verwenden. (Mit Kohl schmecken die Knödel aber besser.)

Rösti

Angelika Brandhofer

4 große Erdäpfel (mehlig), ebensoviel nicht wässriges Gemüse nach Belieben (z. B. Wintergemüse: Karotten, Pastinaken, Lauch/Zwiebel, Kürbis), Salz, Pfeffer, 1 Knoblauchzehe (zerdrückt), 1 Ei, etwas Mehl (glatt) zum Binden, Öl

Erdäpfel und hartes Gemüse fein raffeln, Lauch/Zwiebel fein schneiden. Mit Salz, Pfeffer und Knoblauch würzen, und mit Ei und etwas Mehl gut vermischen.
Aus der Masse handtellergroße, 1 cm dicke Fladen formen und in heißem Öl goldgelb backen.

Nährwerte pro Portion

232 kcal // 6 g Eiweiß // 12 g Fett // 24 g Kohlenhydrate // 7 g Ballaststoffe

Das sagt die Oma

- Vogerlsalat dazu.
- Rösti schmecken auch köstlich, wenn man nur Erdäpfel, Salz, Pfeffer und reichlich Knoblauch verwendet. Dazu passt Sauermilch.

Gesunder Tipp

- Fürs Braten am besten Rapsöl verwenden (hat die beste Fettsäurezusammensetzung). Eine beschichtete Pfanne spart Fett. Nach dem Backen auf Küchenpapier abtropfen lassen.
- Eine (noch) vollwertigere Rösti-Variante: Haferflocken statt Mehl zum Binden verwenden. Dann die Rösti vor dem Braten zirka 15 Minuten ziehen lassen.

Sauerkraut

Gisela Rathmanner

1 Packung Sauerkraut oder ½ kg selbst gemachtes Sauerkraut (siehe Anleitung Seite 108), 1 Erdapfel (mehlig), 2 EL Öl, 2 EL Mehl (glatt), 1 Zwiebel

Sauerkraut kosten. Wenn es zu sauer ist, abseihen oder eventuell sogar in einem Sieb kurz mit kaltem Wasser auswaschen.
Erdapfel schälen und grob reiben. Zum Sauerkraut geben, Wasser zugießen, sodass alles gerade bedeckt ist und zugedeckt zirka 20 Minuten dünsten.
Aus Öl und Mehl eine helle Einbrenn bereiten (siehe Grundrezept Seite 32). Zwiebel fein hacken, zugeben und kurz mitrösten.
Sauerkraut mit Flüssigkeit zugeben, gut durchmischen und durchziehen lassen.

Nährwerte pro Portion

113 kcal // 3 g Eiweiß // 6 g Fett // 9 g Kohlenhydrate // 5 g Ballaststoffe

Das sagt die Oma

- Sauerkraut ist bei uns die klassische Gemüsebeilage zu Geselchtem.
- Isst man es als Hauptspeise, z. B. mit Erdäpfel, braucht man die doppelte Menge.

Gesunder Tipp

Sauerkraut kann man auch ohne Einbrenn machen: Entweder nimmt man einen Erdapfel mehr oder man mag's auch weniger stark gebunden.

Warme Rote Rüben

Pauline Lutz

- ½ kg Rote Rüben
- 1 Knoblauchzehe
- 1 Becher Jogurt (250 g)
- 1 TL Balsamicoessig
- Salz
- Pfeffer

Rote Rüben zugedeckt in Wasser je nach Größe bis zu 60 Minuten kochen. (Sie sind weich, wenn man mit dem Messer hineinsticht und kaum Widerstand spürt.)

Rüben schälen (dazu am besten Handschuhe anziehen) halbieren und in dickere Scheiben schneiden.

Knoblauch feinhacken, mit Jogurt, Essig, Salz und Pfeffer verrühren.

Rote Rüben und Jogurtsoße vermischen, etwas ziehen lassen, lauwarm servieren.

Nährwerte pro Portion

99 kcal // 5 g Eiweiß // 2 g Fett // 14 g Kohlenhydrate // 3 g Ballaststoffe

DAS SAGT DIE OMA

Passt sehr gut zu deftigem Schweinsbraten.

GESUNDER TIPP

Die Roten Rüben können aber auch mit einem Stück Brot oder mit mitgekochten und marinierten Erdäpfeln ein eigenständiges Gericht sein.

Theresia Salzmann, Gimpering bei Purgstall (NÖ)

Erdäpfel isst sie jeden Tag. Leidenschaftlich. Gern und oft auch Suppe. Da kommt hinein, was gerade da ist. „Ein Hausgartl hatte ich ja schon immer, früher mit traditionellem Gemüse wie Salat, Endivie oder Fisolen." Heute zieht Theresia auch anderes wie Zucchini, die in dieser Gegend früher nicht bekannt waren. „Dadurch änderte sich natürlich auch mein Kochen." Überhaupt wurde vieles anders. „Die Suppen waren früher nicht so g'schmackig. Wichtig war, dass sich damit der Bauch füllen ließ."

Neues probiert hat sie immer schon. „Meine Schwägerin hatte viel Erfahrung. Mit ihr habe ich schöne Rezepte versucht." Alte wie neue. Viele sammelte sie. Theresia muss schmunzeln. „Ich habe noch ein Kochbuch, wo man Kommentare finden kann, die quer über die Seiten geschrieben wurden. Z. B. ‚Nicht gut!' oder ein lustiger Kopf mit Mascherl, der sagt: ‚Schmeckt gut!'"

„Wirklich gern", gibt sie zu, „hab ich nie gekocht. Es hat sein müssen. – Das war einfach so." Auch heute steht sie noch in der Küche, wenn die Jungbäuerin keine Zeit hat.

Natürlich kocht sie immer frisch. Fertiggerichte gibt es so gut wie nie.

Als Kind musste sie ihrer Mutter zur Hand gehen. „Da hab ich ich oft etwas gemacht, ohne dass es mich wirklich interessiert hat. Deshalb", so erinnert sie sich lachend, „passierte mir einmal ein Ärgernis in der vierten Klasse. Der Lehrer fragte mich, wie man Fisolensuppe macht. Und ich wusste es nicht. Da hab ich mich so geschämt, weil ich daheim noch nie aufgepasst oder gefragt hatte." Seitdem, fügt sie hinzu, weiß sie es. Sie wusste auch schon sehr viel, als sie mit 20 in die Haushaltungsschule kam. „Die anderen Schülerinnen holten mich immer, wenn sie Hilfe brauchten." Als sie dann heiratete, konnte sie bereits sehr gut kochen. Und schlachten. „Nur bei den Schafen hatte ich Hemmungen, weil sie immer meine Lieblingstiere waren."

Sie isst alles, doch schmecken muss es. „Es gibt nichts Besseres als was Gutes!", sagt sie lachend. Das kann auch „etwas Modernes" sein, Chinesisches etwa oder Pizza. „Nur eins darf nicht fehlen: die täglichen Erdäpfel."

Sellerie in Zitronensoße

Pauline Lutz

1 große Sellerieknolle, Salz, Pfeffer, 50 g Butter, 1 Schuss Weißwein, 1–2 Dotter, Saft einer halben Zitrone

Sellerie schälen, in 1 cm dicke Scheiben schneiden, salzen und pfeffern.
In Butter beidseitig scharf anbraten, mit etwas Wein untergießen, aufkochen lassen, vom Herd nehmen und zugedeckt einige Minuten ziehen lassen.
Zum Schluss 1–2 Dotter – je nach Selleriemenge – und Zitronensaft verrühren, Soße damit binden. (Soße darf aber nicht mehr kochen!)

Nährwerte pro Portion

165 kcal // 4 g Eiweiß // 12 g Fett // 7 g Kohlenhydrate // 6 g Ballaststoffe

DAS SAGT DIE OMA

Wir essen diese Beilage gerne zum Tafelspitz.

GESUNDER TIPP

- Mit gekochten Erdäpfeln ist das sicher auch eine komplette Mahlzeit.
- Zum Anbraten statt Butter Rapsöl verwenden, und am besten in einer beschichteten Pfanne, da braucht man weniger Öl.

Sellerieschnitzel mit saurer Sahne

Anita Gransche-Stabenow

1 große Sellerieknolle, Salz, 2 Eier, Cayennepfeffer, 1 Knoblauchzehe (gepresst), 150 g Mehl, 150 g Nussmehl von der Haselnuss (geriebene Haselnüsse), Öl zum Braten, 1 Becher saure Sahne, ½ Bund Schnittlauch (gehackt), Pfeffer

Sellerie schälen und in 1½ cm dicke Scheiben schneiden. In Salzwasser zugedeckt zirka 10 Minuten bissfest kochen, kalt abspülen. Kochwasser nicht weggießen.
Für die Panade Eier verrühren, mit etwas Cayenne, Salz und Knoblauch würzen.
Selleriescheiben erst in Mehl, dann in der Eimasse, dann im Nussmehl panieren. In heißem Öl ausbraten.
Saure Sahne mit Schnittlauch, Salz und Pfeffer würzen. Zu den Sellerieschnitzeln reichen.

Nährwerte pro Portion

665 kcal // 16 g Eiweiß // 51 g Fett // 37 g Kohlenhydrate // 8 g Ballaststoffe

DAS SAGT DIE OMA

- Die Sellerieschnitzel schmecken zu Rohkostsalaten.
- Man kann auch folgende Panade versuchen: Mehl, Ei, Sonnenblumenkerne, dann wieder Ei und zum Schluss in normalem Paniermehl wenden.
- Das Selleriekochwasser kann man für Gemüsesuppen verwenden; ich mag Sellerie so gerne, dass ich es sogar trinke.

GESUNDER TIPP

Zum Braten am besten Rapsöl verwenden und gut auf Küchenpapier abtropfen lassen.

GLOSSAR // REGISTER

Glossar

Auberginen	Melanzani
Auslassen	Erhitzen von fetthaltigen, zerkleinerten Lebensmitteln (zum Beispiel Speck), bis das Fett herausgeschmolzen und das Lebensmittel knusprig ist
Blunzn	Blutwurst
Bohschoarln	Fisolen, grüne Bohnen
Brein	Hirse
Dirndl	Kornelkirsche
Eierschwammerl	Pfifferlinge
Einbrenn, Einmach	Mehlschwitze
Erdäpfel	Kartoffeln (Begriff wird auch innerhalb Österreichs nicht einheitlich verwendet)
Fisolen	Grüne Bohnen
Germ	Hefe
Grumpern	Grundbirnen, Erdäpfel, Kartoffeln
Gugelhupf	Napfkuchen
Hacheln	Gemüse mit einem Küchenhobel zerkleinern
Hendl	Huhn
Heurige	Kartoffeln aus dem neuen, nicht aus dem alten Jahr
Holler	Holunder
Hollerstrauben	Johannisbeere (rot)
Karfiol	Blumenkohl
Karotte	Mohrrübe
Kletzen	Gedörrte Birnen
Knödel	Kloß
Kohl	Braun-, Grünkohl
Kohlrabi	Kohlrübe
Kraut	Weißkraut, Weißkohl
Kren	Meerrettich
Kriecherl	Gelbe Pflaume
Lauch	Porree
Nussmehl	Geriebene Nüsse
Paniermehl	Semmelbrösel
Paradeiser	Tomaten (Begriff wird auch innerhalb Österreichs nicht einheitlich verwendet)
Polenta	Maisgrieß
Rauner	Rote Rüben, rote Beete
Ribisel	Johannisbeere (rot)
Rote Beete	Rote Rüben
Rote Rüben	Rote Beete
Rotkraut, Rotkohl	Blaukraut
Sauerrahm	Saure Sahne
Saure Sahne	Sauerrahm
(Schlag-) Obers	Süße Sahne
Schlagrahm	Schlagobers
Schwammerl	Pilze
Semmel	Brötchen
Semmelbrösel	Paniermehl
Süße Sahne	(Schlag-) Obers
Topfen	Quark
Türken	Maisgrieß, Polenta
Zeller	(Knollen-) Sellerie

Register

H

J

K

L

M

Register nach Omas